MARK MANSON

DIE SUBTILE KUNST DES DARAUF SCHEISSENS

DAS JOURNAL

DIE SUBTILE KUNST DES DARAUF SCHEISSENS

DAS JOURNAL

EIN JOURNAL VON

MARK MANSON

mvgverlag

MEIN GANZES LEBEN LANG HAB ICH AUF ETLICHE DINGE GESCHISSEN UND AUF ANDERE NICHT …

… UND DIE, AUF DIE ICH GESCHISSEN HABE, WAREN ENTSCHEIDEND.

Bibliografische Information der Deutschen Nationalbibliothek
Die Deutsche Nationalbibliothek verzeichnet diese Publikation in der Deutschen Nationalbibliografie. Detaillierte bibliografische Daten sind im Internet über http://dnb.d-nb.de abrufbar.

Für Fragen und Anregungen
info@mvg-verlag.de

1. Auflage 2022

Türkenstraße 89
80799 München
Tel.: 089 651285-0
Fax: 089 652096

Die englische Originalausgabe erschien 2022 bei HarperCollins unter dem Titel *The Subtle Art of Not Giving a F*ck Journal*.

Übersetzung: Katja Theiß
Redaktion: Christiane Geldmacher
Umschlaggestaltung: Isabella Dorsch
Satz: Satzwerk Huber, Germering
Druck: Florjancic Tisk d.o.o., Slowenien
Printed in the EU

ISBN Print 978-3-7474-0483-6

DIESES JOURNAL GEHÖRT

ADRESSE

(Falls du mein Journal findest, dann tu gefälligst das Richtige!)

INHALT

EINLEITUNG

Die subtile Kunst des Daraufscheißens habe ich als eine Art alternativen Selbsthilferatgeber geschrieben. Ich wollte auf keinen Fall über Positivität sprechen, sondern über die unausweichlichen Probleme, die das Leben so bietet. Genauso wenig wollte ich über Erfolg schreiben, sondern darüber, wie man mit Verlust und Scheitern umgehen kann.

Vor allen Dingen aber wollte ich meinen Leser:innen ganz bewusst keinen festen Fahrplan, keine Schritt-für-Schritt-Anleitung an die Hand geben, wie sie ihre Träume oder was auch immer erreichen. Mir ging es darum, die Ratschläge offenzuhalten, damit die Leser:innen selbst bessere Fragen stellen können, statt vorgekaute Antworten zu übernehmen.

Denn auf was man etwas gibt oder auf was man scheißt, ist letztlich eine Frage von Werten. Du entscheidest darüber, was dir wichtig ist – und was nicht! Und bei Werten gibt es kein Richtig oder Falsch. Jede:r ist da anders. Vielleicht ist dir Familienzeit wichtiger als mir. Und das ist absolut in Ordnung. Mir sind dafür vielleicht russische Literatur und 1970er-Jahre-Kung-Fu-Filme wichtiger als dir. Und das ist auch okay! Nichts davon ist »richtig« oder »falsch«.

Daher war es mir beim Schreiben des Buchs besonders wichtig, meinen Leser:innen keine Werte aufzudrücken. Die »subtile Kunst« des Daraufscheißens ist wirklich die Kunst zu entdecken, dass es dir überlassen ist, was dir wichtig ist und was nicht. Mein Job als Autor bestand darin, dir bei dieser Entdeckung zu helfen, sodass du sie bewusst annimmst und dir die schwierigen Fragen selbst stellst. Dir meine eigenen Werte überzustülpen und dir genau zu sagen, was du gefälligst zu tun und zu lassen hast, hätte die Kraft dieser Aussage nur geschmälert.

Inzwischen hat sich das Buch zu einem Bestseller entwickelt. Es wurde in über 60 Sprachen übersetzt, hat sich in mehr als zehn Millionen Exemplaren verkauft und es in mehr als einem Dutzend Ländern tatsächlich auf Platz eins geschafft. Und seit seinem Erscheinen ist die häufigste Frage, die ich dazu erhalte: »Das ist alles schön und gut und ich versteh auch alles, aber was soll ich jetzt tun? Wo fange ich an?«

Schon ganz früh habe ich ganz privat anderen ein paar Übungen an die Hand gegeben. »Vielleicht solltest du fünf Dinge aufschreiben, ohne die du nicht leben kannst« als Einstieg zum Beispiel.

Irgendwann hatte ich dann genug kleinere Übungen vorgeschlagen, um einige davon auf meiner Homepage zu veröffentlichen beziehungsweise sie per Mail zu versenden.

Die Leute liebten sie und berichteten über klasse Ergebnisse.

Mit den Jahren baute ich sie aus und verfeinerte sie. Ich habe Feedback eingefordert, neue Fragen entwickelt und sie immer wieder geteilt. Schließlich hatte ich ein halbes Buch mit Fragen und Vorschlägen fürs Tagebuchführen gefüllt – alle basieren auf tiefgreifenden, wichtigen Lebensfragen, die sich ganz viele längst nicht mehr stellen.

Dieses Journal ist eine Sammlung und Erweiterung dieser ursprünglichen Übungen. Wie auch im Buch wird dir hier nicht erzählt, worauf du Wert legen solltest oder wer du zu sein hast. Vielmehr sollen sie dir dabei helfen, eine bessere Vorstellung dafür zu bekommen, was dir etwas bedeutet und wer du sein willst. Sie sind der logische Schritt von den im Buch aufgegriffenen Fragen zu den Fragen, die du für dich selbst beantworten solltest.

Das Journal besteht aus fünf Teilen. Der erste Teil besteht aus einer Reihe von Übungen, die ich unter »Aufwärmen« führe. Es sind allgemeine abstrakte Fragen darüber, was du dir im Leben wünschst, was du vor deinem Tod zu erreichen hoffst und so weiter. Diese Fragen mögen Spaß machen und nützlich sein, aber sie sind hauptsächlich dazu gedacht, dich auf den Rest des Journals einzustimmen.

Im zweiten Teil geht es darum, dir dabei zu helfen, mit negativen Emotionen umzugehen. Den meisten von uns fällt es schwer herauszufinden, was uns wichtig ist, weil wir zu sehr in Schmerz, Wut und Traurigkeit gefangen sind. Nur wenn wir diese negativen Emotionen in den Griff bekommen und/oder sie in eine positivere Richtung lenken, haben wir den Kopf frei, um über die tieferen Fragen nachzudenken.

In Teil III geht es um Entscheidungen und Verantwortung. Wir alle machen uns gerne vor, dass wir uns keines unserer Probleme ausgesucht haben, dass sie uns einfach von einem ungerechten Universum zugespielt wurden. Aber in Wahrheit ist der größte Teil unseres Lebens ein Produkt unserer eigenen Entscheidungen, und nur wenn wir diese Entscheidungen erkennen – und bessere treffen! –, können wir unsere Probleme lösen.

Sobald wir unsere Emotionen runtergekühlt haben und unsere Probleme anerkannt haben, kommen wir in Teil IV zum Eingemachten: Wofür entscheidest du dich, worauf gibst du was? Worauf würdest du gerne mehr Wert legen, auf was dagegen gänzlich scheißen? Worauf würdest du gerne weniger Rücksicht nehmen? Sind diese Entscheidungen eine gute Wahl oder eher nicht?

In diesem Teil geht es um Werte – um das, was uns wichtig ist, und ob wir Dingen in unserem Leben einen höheren oder niedrigeren Stellenwert einräumen sollten als bisher.

Diese schwierigen Fragen führen uns dann zu Teil V, der einen ausgeklügelten Aktionsplan darstellt. Anhand einer Reihe von Übungen helfe ich dir hier zu einer Bestandsaufnahme, wie du deine Zeit verbringst und ob diese Zeit dem entspricht, was dir laut Teil IV wichtig ist (oder was du dir wünschst). Teil V beschließt mit dem Entwickeln umsetzbarer Schritte für dich selbst. Es liegt dann an dir, sie auch tatsächlich anzugehen. Und warum? Weil ich nicht die geringste Vorstellung habe, wer du bist oder was du tust – und du jetzt dran bist.

Zwischen den Teilen gibt es ein paar »Zwischenspiele« – kleine Abschnitte, die Ideen aus dem vorherigen Abschnitt ergänzen und/

oder kleine Übungen zur Vorbereitung auf den nächsten Abschnitt anbieten. Am Ende des Journals findest du außerdem eine Reihe leerer Seiten, auf denen du alle »Unglaublich!«-Momente notieren kannst, die dir auf dem Weg begegnen, und ich hoffe, dass das richtig viele sind!

Genieße den Einblick in deine eigene Identität. Ich hoffe, dir gefällt, was du dabei entdeckst. Selbst wenn das nicht der Fall sein sollte, bin ich zuversichtlich, dass du am Ende als besserer Mensch dastehen wirst.

Frohes Daraufscheißen!

Mark Manson
13. September 2021

TEIL I:
AUFWÄRMEN

HALT DIE KLAPPE UND SEI DANKBAR

Dankbarkeit ist wie Vitamin D für die Seele. Eine kleine Dosis stärkt die Abwehrkraft gegen Schwachsinn und hilft, die psychische Gesundheit zu erhalten.

Regelmäßig bewusst Dankbarkeit zu üben, ist eine der wissenschaftlich am besten belegten mentalen Übungen, die zu Glück und Wohlbefinden beitragen.

Außerdem ist es schön, sich ab und zu einen Moment Zeit zu nehmen und darüber nachzudenken, was in unserem Leben erstaunlich ist. Steigen wir also in diese großartige Feier des Lebens auf die richtige Weise ein und denken wir an die vielen Dinge, für die wir dankbar sind.

ANLEITUNGEN:

Nutze diese Liste und schreibe die vielen Dinge auf, für die du dankbar bist. Das kann abstrakt sein (»Ich bin dankbar dafür, dass ich im 21. Jahrhundert lebe«) oder konkret (»Ich bin dankbar, dass es bei der Tankstelle, an der ich angehalten habe, meinen Lieblings-Energydrink gab«).

Hier kannst du dich ungehemmt in Dankbarkeit austoben. Versuch einfach, diese Seiten zu füllen.

BEISPIELE:

- *Ich bin dankbar dafür, dass ich beruflich so viel reisen kann.*
- *Ich bin dankbar dafür, dass Koffein im 16. Jahrhundert entdeckt wurde und morgens so leicht verfügbar ist.*
- *Ich bin dankbar für meine Beziehung. Ich habe Glück, dass ich einen so tollen Menschen gefunden habe.*

DU BIST DRAN:

1. ______________________________

2. ______________________________

3. ______________________________

4. ______________________________

5. ______________________________

6. ______________________________

7. ______________________________

8. ______________________________

9. ______________________________

10. ______________________________

11. ______________________________

12. ______________________________

13. ______________________________

14. ______________________________

15. ______________________________

16. ______________________________

17. ______________________________

18. ______________________________

19. ______________________________

20. ______________________________

21. ______________________________

22. ______________________________

23. ______________________________

24. ______________________________

25. ______________________________

26. ______________________________

27. ______________________________

28. ______________________________

29. ______________________________

30. ____________________

31. ____________________

32. ____________________

33. ____________________

34. ____________________

35. ____________________

36. ____________________

37. ____________________

38. ____________________

39. ____________________

40. ____________________

41. ____________________

42. ____________________

43. ____________________

44. ____________________

45. ______________________________

46. ______________________________

47. ______________________________

48. ______________________________

49. ______________________________

50. ______________________________

51. ______________________________

52. ______________________________

53. ______________________________

54. ______________________________

55. ______________________________

56. ______________________________

57. ______________________________

58. ______________________________

59. ______________________________

60. ______________________________

61. ______________________________

62. ______________________________

63. ______________________________

64. ______________________________

65. ______________________________

66. ______________________________

67. ______________________________

68. ______________________________

69. ______________________________

70. ______________________________

71. ______________________________

72. ______________________________

73. ______________________________

74. ______________________________

75. ______________________________

76. ______________________________

77. ______________________________

78. ______________________________

79. ______________________________

80. ______________________________

81. ______________________________

82. ______________________________

83. ______________________________

84. ______________________________

85. ______________________________

86. ______________________________

87. ______________________________

88. ______________________________

89. ______________________________

**Tröste dich:
Keiner weiß wirklich
so richtig, was zur
Hölle er tut.
Jeder arbeitet
nun mal mit den
eigenen aktuellen
Annahmen.**

DEINE SCHEISS-DRAUF-LISTE

Okay, jetzt, wo wir all die Dinge, für die wir in unserem Leben dankbar sind, ausgeplaudert haben, wollen wir die andere Seite der Medaille betrachten. Ein großer Teil »der Kunst des Daraufscheißens« besteht darin, Menschen und Dinge richtig einzustufen – falls sie deinem Leben keinen Wert hinzufügen oder dir als Person nicht helfen, kannst du sie loslassen.

Ältere erstellen häufig »Bucket Lists« mit all den Dingen, die man vor seinem Tod noch erledigen will. Wir erstellen dagegen eine »Fuck-it-Liste«, also all die Dinge, die uns bis zu unserem Tod am Arsch vorbeigehen.

Ein großer Teil dieses Journals befasst sich damit, wie man aufhört, sich um sie zu scheren. Aber zunächst wollen wir einfach brainstormen, welcher dumme Bullshit uns in unserem Leben zurückhält.

Auch dies kann so abstrakt (»Versagensangst«) oder konkret (»wenn mein Bruder sich über meine Haare lustig macht«) ausfallen, wie es dir passt. Was auch immer du dir nicht mehr wünschst, schreib es auf.

BEISPIELE:

- *Ich sage zu oft Ja zu Dingen, die ich nicht tun will.*
- *Das schwachsinnige Drama, das meine Familie ohne Grund anzettelt.*
- *Die Angst, den Erwartungen aller nicht gerecht zu werden.*

DU BIST DRAN:

1. ______________________________

2. ______________________________

3. ______________________________

4. ______________________________

5. ______________________________

6. ______________________________

7. ______________________________

8. ______________________________

9. ______________________________

10. ______________________________

11. ______________________________

12. ______________________________

13. ______________________________

14. ______________________________

15. ______________________________

16. ______________________________

17. ______________________________

18. ______________________________

19. ______________________________

20. ______________________________

21. ______________________________

22. ______________________________

23. ______________________________

24. ______________________________

25. ______________________________

26. ______________________________

27. ______________________________

28. ______________________________

29. ______________________________

30. ______________________________

31. ______________________________

32. ______________________________

33. ______________________________

34. ______________________________

35. ______________________________

36. ______________________________

37. ______________________________

38. ______________________________

39. ______________________________

40. ______________________________

41. ______________________________

42. ______________________________

43. ______________________________

44. ______________________________

45. ____________________

46. ____________________

47. ____________________

48. ____________________

49. ____________________

50. ____________________

51. ____________________

52. ____________________

53. ____________________

54. ____________________

55. ____________________

56. ____________________

57. ____________________

58. ____________________

59. ____________________

60. ______________________________

61. ______________________________

62. ______________________________

63. ______________________________

64. ______________________________

65. ______________________________

66. ______________________________

67. ______________________________

68. ______________________________

69. ______________________________

70. ______________________________

Mit diesen beiden Übungen haben wir nun eine ungefähre Vorstellung davon, was wir unserem Leben hinzufügen und was wir aus unserem Leben entfernen wollen. Der Rest dieses Journals enthält Übungen und Prozesse, die dir bei beidem helfen.

Zu Beginn beschäftigen wir uns damit, was die meisten Menschen schon vor dem Durchstarten aufhält: der Umgang mit ihren negativen Emotionen.

Selbsterkenntnis ist wie eine Zwiebel. Sie besteht aus mehreren Schichten, und je mehr man sie abblättert, desto wahrscheinlicher wird es, dass man zu unpassenden Zeiten zu weinen beginnt.

TEIL II:

NEGATIVE EMOTIONEN MANAGEN

SCHLUSS MIT DEM EMOTIONALEN SCHEISS

Gefühle sind diese Dinge, die ... passieren. Sie beherrschen dein Leben für eine Weile und dann sind sie wieder weg. Und dann, gerade wenn du denkst, du bist frei, kommt eine andere Emotion daher und nimmt dich wieder in Beschlag.

Das Erleben einer intensiven Emotion ist ein bisschen wie Highschool: Wenn man mittendrin ist, ist gefühlt rein gar nichts wichtiger. Hat man sie aber hinter sich gelassen, lacht man irgendwann über all die dummen Dinge, die man für wichtig gehalten hat.

Im Laufe der Jahre habe ich mir angewöhnt, unsere übermäßige Abhängigkeit von unseren Gefühlen kritisch zu sehen. Ich habe Artikel mit Titeln wie »Scheiß auf deine Gefühle« und »Glück ist nicht genug« geschrieben und die Wutausbrüche meiner Leser:innen mit einem Hund verglichen, der auf den Teppich scheißt. (Das tut mir übrigens leid.) Aber die Wahrheit ist, dass Gefühle wichtig sind. Sie sind unglaublich wichtig. Sie sind nur nicht so wichtig, wie wir glauben.

Emotionen erfüllen einen wichtigen Zweck: Durch sie teilt unser Gehirn uns mit, dass etwas Gutes oder Schlechtes in unserem Leben geschieht. Sie geben uns Feedback, damit wir die Realität verarbeiten können.

Aber das war's auch schon. Sie sind keine kosmischen Botschaften des Universums, die dir sagen, dass du wieder zur Schule gehen sollst. Sie sind nicht das Schicksal, das dir eine Lektion erteilen will. Sie sind keine Flügel des Schicksals, die dich von deiner Beziehung wegtragen; das ist alles gequirlte Kacke, die du dir ausgedacht hast, um zu rechtfertigen, was du bereits fühlst. Deine Emotionen sind lediglich ein Feedback-Mechanismus, der dir mitteilen soll, ob die Dinge gut laufen oder nicht. Nicht mehr. Aber auch nicht weniger.

Viele bringen das durcheinander und lassen deshalb ihre Emotionen in ihre Lebensentscheidungen einfließen – im Großen wie im Kleinen –, weil sie glauben, dass ihre Emotionen eine extrem hohe Bedeutung haben. Was einfach nicht stimmt. Die meisten halten ihre

Emotionen schon für ihr Ziel, statt ihre Emotionen zu nutzen, um ihren Sinn zu finden.

Denk an die dümmsten Entscheidungen zurück, die du je getroffen hast. Wahrscheinlich sind viele dieser Entscheidungen darauf zurückzuführen, dass du eine emotionale Zeitbombe warst. Vielleicht warst du wütend und hast in einem Wutanfall deine Tastatur auf deine Schreibtischplatte gehauen, sodass du gefeuert wurdest. Vielleicht warst du so traurig über eine Trennung, dass du bis zur Besinnungslosigkeit getrunken hast, nach Hause gefahren und in einer Gefängniszelle aufgewacht bist. Vielleicht warst du so ängstlich, dass du dir eine große, heiß ersehnte Karrierechance hast entgehen lassen.

Wir haben es alle schon erlebt. Unsere Emotionen nehmen unseren Realitätssinn in Beschlag, und plötzlich fühlt sich etwas, das an jedem anderen Tag eine gute Entscheidung gewesen wäre, wie eine schrecklich mühsame, schlechte Entscheidung an. Oder etwas, das offensichtlich eine schreckliche Idee ist, zieht uns mit einer unwiderstehlichen Kraft an, bis wir in einer Lache unserer eigenen Kotze aufwachen und uns fragen, was passiert ist.

Unsere Emotionen beeinträchtigen unsere Entscheidungsfindung. Das heißt, wenn du dein Leben auf deine Emotionen gründest, geht es ständig auf und ab, du drehst dich im Kreis, widersprichst dir selbst, änderst deine Meinung und vergisst, was du gesagt und getan hast. Alles in dem Bemühen, das nächste emotionale Hoch zu finden und aufrechtzuerhalten. Das ist keine Art zu leben.

Dieser Teil des Journals soll dir helfen, den Zweck einer Emotion zu erkennen, mit der du vielleicht zu kämpfen hast. Die Übungen in diesem Abschnitt ermöglichen es dir, die »Signale«, die du von deinem Gehirn erhältst, objektiver zu betrachten, damit du mit diesem Feedback klarer umgehen kannst.

Diese Fähigkeit ist nützlich und sie sollte unbedingt geschult und ausgebaut werden. Denn während das Empfangen von Signalen ein wichtiger Teil fürs Navigieren in der Welt und das Finden deines Platzes darin ist, ist das, was du mit diesen Informationen tust, eine ganz andere Stufe. Interpretationen von und Reaktionen auf Emotionen sind viel wichtiger als die Emotionen selbst.

Es gibt keine guten oder schlechten Gefühle, nur gute oder schlechte Reaktionen auf Gefühle.

WIE FÜHLST DU DICH?

Mit welchem Gefühl kämpfst du gerade?
Was ist passiert? Beschreibe die Situation und wie du darauf reagiert hast.

BEISPIEL:

Ich bin so wütend. Jason hat mein Vertrauen neulich komplett zerstört. Ich habe ihn vor Monaten gefragt, ob er mir bei der Organisation einer Veranstaltung helfen kann, und er hat Ja gesagt. Dann sagt er mir urplötzlich nur Wochen vor der Veranstaltung, dass er nicht genau weiß, ob das klappt. Alter, du hast dich verdammt noch mal dazu verpflichtet! Ich habe mich auf dich verlassen. Ich habe Tausende von Dollar ausgegeben und einen Großteil der Woche auf deine Zusage hin geplant. Jetzt muss ich mich um Schadensbegrenzung bemühen. Und was noch schlimmer ist: Ich bin mir ziemlich sicher, dass der Typ, von dem ich dachte, er wäre mein Freund, ein totales Arschloch ist. Entweder das, oder er ist insgeheim eifersüchtig oder so und versucht, meinen Scheiß zu sabotieren. Was soll der Schrott?

DU BIST DRAN:

Wahres Glück stellt sich nur ein, wenn man die Probleme findet, die man gerne hat und gerne löst.

Wie hast du auf die Emotion reagiert? Hast du sie ausgedrückt? Wenn ja, wie? Wenn nicht, warum nicht?

BEISPIEL:

Wenn ich ehrlich bin, habe ich es nicht ausgesprochen. Innerlich bin ich ausgeflippt, aber ich wollte keinen Streit anfangen. Ich dachte mir nur: Na ja, gut zu wissen, was für eine Art von Freund und Kollege du bist. Jetzt weiß ich, dass ich nie wieder mit ihm arbeiten will. Seitdem verhalte ich mich passiv-aggressiv. Die meisten seiner SMS habe ich nicht beantwortet. Ich habe ein paar E-Mails ignoriert. Das letzte Mal, als er in der Stadt war, habe ich ihn nicht eingeladen oder so. Ich weiß, ich sollte wohl etwas sagen. Aber im Ernst: Scheiß auf ihn.

DU BIST DRAN:

Oft ist unser Problem nicht die Emotion selbst, sondern wie wir auf die Emotion reagieren. Manchmal verurteilen wir die Emotion und versuchen, sie zu verdrängen, weil wir sie für nicht akzeptabel halten.

Was ist mit dir? Hast du die Emotionen auf eine nicht hilfreiche Weise beurteilt? Wenn ja, wie?

Glaubst du, dass du insgesamt auf eine gesunde oder ungesunde Weise auf die Emotion reagiert hast?

BEISPIEL:

Ich hatte schon immer Probleme damit, Menschen zu konfrontieren, vor allem, wenn ich das Gefühl hatte, dass sie sich mir gegenüber respektlos verhalten haben. Ich vergrabe es einfach und halte den Groll lange Zeit aufrecht. Ich weiß, dass das nicht gesund ist, aber ich vermute, dass ich irgendwo tief in mir das Gefühl habe, dass es nicht akzeptabel ist, wütend auf andere zu sein. Ich habe generell Schwierigkeiten, meine Wut auszudrücken. Ich bin immer der ruhige, gelassene, besonnene Typ, der wirklich entspannt ist und den nie etwas stört. Das ist toll. Aber wenn mich etwas tatsächlich stört, muss ich in der Lage sein, es auszusprechen.

DU BIST DRAN:

Negative Emotionen sind eine Aufforderung zum Handeln. Sie sind das bevorzugte Mittel der Natur, um Veränderungen anzuregen.

KOGNITIVE VERZERRUNGEN

Kognitive Verzerrungen sind eine Reihe von automatischen Denkmustern, die ungenau sind und unsere Gefühle verstärken. Diese automatischen negativen Gedanken »verzerren« unser Denken, indem sie uns dazu bringen, etwas zu glauben, was weder hilfreich noch wahr ist.

Der Psychiater und Forscher Aaron Beck soll die Theorie der kognitiven Verzerrungen in den 1970er-Jahren erstmals vorgestellt haben; seinem Schüler David Burns wird zugeschrieben, dass er die gängigen Bezeichnungen für diese Verzerrungen in den 1980er-Jahren populär machte.

Schau dir die folgenden zwölf kognitiven Verzerrungen an und prüfe, ob du im Umgang mit deiner aktuellen emotionalen Situation einige der Denkmuster wiedererkennst.

ALLES-ODER-NICHTS-DENKEN

Dies ist die Annahme, dass deine Probleme schwarz und weiß sind und es nur zwei Erklärungen für etwas gibt. Zum Beispiel ist jemand entweder ein wunderbarer Freund oder ein Stück Scheiße. Ein Arbeitsprojekt ist entweder brillant oder unglaublich dumm. Du nimmst an, dass die Leute dich entweder lieben und von dir besessen sind oder dich hassen und sich wünschen, du wärst tot.

ANDERE BESCHULDIGEN

Es ist oft einfacher, andere Menschen für eine beschissene Situation verantwortlich zu machen, als selbst die Verantwortung zu übernehmen. In meinem Beispiel ist es einfacher, Jason die Schuld für die Absage der Veranstaltung zu geben, als zu erkennen, dass es andere Möglichkeiten gegeben hätte, ihn dazu zu bringen, seine Zusage zu garantieren (zum Beispiel hätte ich ihn bitten können, einen Vertrag zu unterschreiben), und/oder dass ich jemand anderen hätte finden können, der als Ersatz einspringt.

KATASTROPHISIEREN

Sich auf den schlimmsten, unangenehmsten möglichen Ausgang eines relativ kleinen Problems oder Ereignisses zu konzentrieren, ist nicht hilfreich, sondern schlicht Dramaqueen-mäßig. Nicht alles muss sich gleich wie das Ende der Welt anfühlen – überlass dieses Gefühl den Weltuntergangspredigern.

EMOTIONALE ARGUMENTATION

Nur weil man etwas fühlt, ist es noch lange nicht wahr. In der Hitze des Gefechts ist es leicht, Gefühle als Wahrheit zu deuten, aber Gefühle sind keine zuverlässigen Indikatoren für die Realität. Selbst wenn du das starke Gefühl hast, dass dein Kollege es auf dich abgesehen hat, ist das wahrscheinlich nicht nur nicht wahr, sondern dein Kollege denkt wahrscheinlich nicht sonderlich an dich – nur du denkst so stark an dich.

WAHRSAGEREI

Wenn man sich einer Sache sicher sein kann, dann ist es, dass man sich keiner Sache sicher sein kann. Dennoch spielen wir alle gerne die Rolle des Nostradamus und gehen davon aus, dass wir genau wissen, was passieren wird. Nur weil du dich peinlich berührt fühlst, bedeutet das längst nicht, dass deine Karriere ruiniert ist.

ETIKETTIERUNG

»Ich habe auf dem Formular etwas falsch ausgefüllt, deshalb bin ich ein Idiot.« Etikettierung bedeutet, dass eine Person auf der Grundlage kleiner Erfahrungen große Urteile über den persönlichen Charakter einer Person fällt. Wir alle machen das ständig, wenn wir im Straßenverkehr unterwegs sind – der Typ, der uns geschnitten hat, ist nicht wirklich ein furchtbar egoistisches menschliches Wesen. Die Frau, die eine rote Ampel überfahren hat, ist nicht ahnungslos oder geistesgestört. Und die Person, die dir den Parkplatz geklaut hat, kommt nicht in die Hölle ... sosehr du dir das auch wünschen würdest.

NEGATIVES AUFBLÄHEN

Deine Gefühle führen oft dazu, dass du eine Situation mit einem Tunnelblick betrachtest. Wenn du das Negative hervorhebst, neigst du dazu, alles Positive, was passiert sein könnte, zu ignorieren ... dabei könntest du dich so in dieser Situation etwas glücklicher fühlen.

POSITIVES KLEINREDEN

Damit die Negativität noch freier leben und atmen kann, unterdrücken manche Menschen aktiv den Wert oder die Bedeutung der positiven Aspekte einer Situation. Wenn wir unsere Leistungen herunterspielen und darauf bestehen, dass jeder das hätte tun können, was wir getan haben, spielen wir das Positive herunter.

GEDANKENLESEN

Genau wie beim Wahrsagen werden beim Gedankenlesen dramatische Vorhersagen über die Realität gemacht, ohne dass es dafür genug Beweise gibt. Aber während wir beim Wahrsagen versuchen, die Zukunft auf der Grundlage unserer Gefühle vorherzusagen, versuchen wir beim Gedankenlesen anzunehmen, dass wir wissen, was jemand anderes auf der Grundlage unserer eigenen Gefühle denkt/fühlt. Wenn ich zum Beispiel annehme, dass Jason mich insgeheim hasst und versucht, meine Veranstaltung zu sabotieren, dann wäre das Gedankenlesen.

ÜBERPAUSCHALISIERUNG

Die Anwendung pauschaler Annahmen auf deine Situation, die auf isolierten Erfahrungen aus der Vergangenheit und wenig Beweisen beruhen, führt zu pauschalen und unrealistischen Schlussfolgerungen. Stereotypen über verschiedene Arten von Menschen sind die häufigste (und gesellschaftlich destruktive) Form der Überpauschalisierung. Wir tun dies bei so ziemlich allem. Zum Beispiel, wenn Paare sich streiten und Dinge sagen wie: »Immer machst du das so und so« oder »Du interessierst dich nur für dies und jenes«. Ja, gar nicht gut ...

SELBSTVORWÜRFE

Selbstvorwürfe sind die Überzeugung, dass man an allem selbst schuld ist und dass man, wenn einem etwas Schlimmes zustößt, ein Idiot, ein Bösewicht oder ein Vollidiot ist. Selbstvorwürfe sind eigentlich nur eine Form der Selbstabsorption – in der Regel ein gefühlsbetonter Versuch, ständig Mitleid zu erregen. Und das ist für niemanden wirklich hilfreich.

»SOLLTE«-AUSSAGEN

Wenn du der Meinung bist, du oder jemand anderes hätte etwas tun sollen, es aber wenig Spielraum für alternative Abläufe gab, dann stellst du unfaire Regeln und Erwartungen an dich selbst oder andere. Diese Art der Verzerrung führt zu Schuldgefühlen und Wut.

Jetzt, nachdem wir die kognitiven Verzerrungen besprochen haben: Welche davon treffen deiner Meinung nach auf deine Situation zu?

In meiner Situation zum Beispiel gebe ich Jason die volle Schuld, obwohl ich einiges hätte tun können, um die Situation zu verhindern.

Ich etikettiere ihn, weil ich im Grunde davon ausgehe, dass er ein nicht vertrauenswürdiges Stück Scheiße ist. Ich katastrophisiere, obwohl, wenn wir ehrlich sind, alles gut ausgehen wird. Und schließlich lese ich Gedanken, indem ich ihm Absichten unterstelle, ohne überhaupt mit ihm zu sprechen!

Alles-oder-nichts-Denken	Wahrsagerei	Positives kleinreden
Andere beschuldigen	Etikettieren	Überpauschalisieren
Katastrophisieren	Negatives aufblähen	Selbstvorwürfe
Emotionale Argumentation	Gedankenlesen	»Sollte«-Aussagen

DU BIST DRAN:

Alles-oder-nichts-Denken	Wahrsagerei	Positives kleinreden
Andere beschuldigen	Etikettieren	Überpauschalisieren
Katastrophisieren	Negatives aufblähen	Selbstvorwürfe
Emotionale Argumentation	Gedankenlesen	»Sollte«-Aussagen

Versuche jetzt, deine Situation erneut zu beschreiben – ohne in kognitive Verzerrungen zu verfallen.

BEISPIEL:

Jason hat mich völlig überrumpelt, als er die Veranstaltung, bei der er seine Hilfe zugesagt hatte, sausen ließ. Aber um ehrlich zu sein, weiß ich nicht, was in seinem Leben vor sich geht. Vielleicht ist es gerechtfertigt. Vielleicht auch nicht. Jedenfalls ist es zutiefst enttäuschend, und ich bin wütend auf ihn. Aber ich kann jemand anderen finden, und mit ein wenig zusätzlicher Arbeit wird alles gut werden.

DU BIST DRAN:

Der Wunsch nach einer positiven Erfahrung ist selbst eine negative Erfahrung. Und paradoxerweise ist die Akzeptanz der eigenen negativen Erfahrung selbst eine positive Erfahrung.

Emotionen sind neutral. Jede Emotion kann sowohl gesund als auch ungesund sein, je nachdem, wie wir auf diese Emotion reagieren.

Ungesunde Reaktionen sind unehrlich, zweideutig, destruktiv, sinnlos oder gewalttätig.

Gesunde Reaktionen sind ehrlich, transparent, konstruktiv, lehrreich und wachstumsorientiert.

Hier sind einige Beispiele dafür, wie auf jede Emotion sowohl auf ungesunde als auch auf gesunde Art und Weise reagiert werden kann.

WUT

- *zerstörerisch, wenn sie darauf gerichtet ist, sich selbst oder andere zu verletzen,*
- *nützlich, um Ungerechtigkeiten zu korrigieren und/oder sich selbst oder andere zu schützen.*

ANGST

- *frustrierend, wenn sie dich daran hindert, deine Träume zu verfolgen,*
- *sehr hilfreich, wenn man von einem wütenden Tiger gejagt wird.*

FREUDE

- *ätzend, wenn sie benutzt wird, um ein Gefühl der Überlegenheit gegenüber anderen zu rechtfertigen,*
- *wunderbar, wenn sie geteilt wird, weil etwas Gutes passiert.*

TRAURIGKEIT

- *schädlich, wenn sie dich daran hindert, ein normales Leben zu führen,*
- *bewegend, wenn sie dir hilft, die Erinnerung an das zu ehren, was du verloren hast.*

SCHAM

- *schädlich, wenn sie dich dazu bringt, dich selbst unnötig zu verurteilen und zu hassen,*
- *vorteilhaft, wenn sie dich davon abhält, etwas Unangemessenes zu tun.*

NEUGIER

- *gefährlich, wenn sie dich dazu inspiriert, mit einem Glas Bleichmittel zu gurgeln ... du weißt schon, für die Wissenschaft,*
- *erstaunlich, wenn sie dir hilft, diese unglaubliche Welt und das Leben zu erforschen.*

Um noch einmal auf deine Situation zurückzukommen: Was sind die gesunden und ungesunden Formen der Emotion in deiner Situation?

BEISPIEL:

Die ungesunde Art, mit meiner Wut auf Jason umzugehen, wäre, sie zu vergraben oder zuzulassen, dass sie mich daran hindert, anderen wieder zu vertrauen. Es wäre auch ungesund, wenn ich zuließe, dass meine Wut rechtfertigt, wenn ich im Gegenzug scheiße zu ihm bin. Die gesunde Art, mit der Wut umzugehen, ist, mit ihm darüber zu sprechen, ihm zu sagen, wie ich mich fühle, und ihn zu fragen, was los ist. Wenn er ehrlich und verantwortungsbewusst antwortet, dann kann ich damit leben. Wenn er das nicht tut, dann weiß ich, dass ich einen Freund verloren habe.

DU BIST DRAN:

Allen Klischees zum Trotz sollten wir nicht unbedingt auf unsere eigenen Gefühle vertrauen. Vielmehr sollten wir es uns zur Gewohnheit machen, sie zu hinterfragen.

Da Reaktionen auf Emotionen wichtiger sind als die Emotionen selbst, müssen wir auch andere (und uns selbst) nach ihren Handlungen und nicht nach ihren Emotionen beurteilen.

Wir verurteilen uns (und andere) oft für unsere Emotionen, aber das ist in der Regel unfair, weil wir keine Kontrolle über die Emotionen haben, die wir erleben. Wenn es eine Sache gibt, die du aus diesem Teil des Journals mitnehmen solltest, dann diese: Es gibt keine schlechten Emotionen – es gibt nur schlechte Reaktionen auf Emotionen.

Emotionen sind ein normaler und unvermeidlicher Teil des Lebens. Es ist nichts Falsches oder Beschämendes daran, irgendwelche Gefühle zu empfinden. Allerdings ist das Schwelgen in Emotionen eine Entscheidung. Unseren Emotionen zu erliegen, ist eine Entscheidung. Eine Emotion als Vorwand für einen Wutanfall zu benutzen, ist eine Entscheidung.

Deshalb beurteilt man Menschen besser danach, wie sie mit ihren Gefühlen umgehen – wie gut sie in der Lage sind, Gefühle zu empfinden, sie zu erkennen und dann weiterzugehen.

Als letzte Übung möchte ich, dass du ein letztes Mal zu deiner Situation zurückkehrst und dich dieses Mal fragst: Was ist eine gesunde Reaktion auf diese beunruhigende Situation? Welche Reaktion minimiert die kognitiven Verzerrungen, führt zu besseren, gesünderen Ergebnissen für alle Beteiligten und fördert die Transparenz und Ehrlichkeit?

BEISPIEL:

In meiner Situation wäre es am allerbesten, einfach mit Jason zu reden und zu versuchen zu verstehen, warum er mich so im Stich gelassen hat. Außerdem muss ich ihm sagen, wie wütend und enttäuscht ich bin, statt es für mich zu behalten und es innerlich gären zu lassen. Ich weiß, dass er kein schlechter Mensch ist.

Wer weiß schon, was in seinem Leben vor sich geht? Ich sollte wahrscheinlich versuchen, es herauszufinden. Ich sollte mich wahrscheinlich auch hinsetzen und versuchen herauszufinden, was ich in Zukunft tun kann, um zu verhindern, dass so etwas noch einmal passiert – mein Privat- und mein Geschäftsleben getrennt zu halten, wäre vielleicht ein guter Anfang. Das nächste Mal sollte ich vielleicht auch einen Vertrag abschließen.

DU BIST DRAN:

ZWISCHENSPIEL

SCHEISS AUFS GLÜCK

FÜNF DINGE, DIE GLÜCK VERHINDERN:

1. Sich um das Glück sorgen
2. Sich Sorgen machen, dass man sich Sorgen um das Glück macht
3. Die Sorge, dass man sich zu viele Sorgen macht
4. Steuern
5. Sich über Steuern Sorgen machen

Ach, der Höhepunkt der menschlichen Erfahrung, die Besessenheit und der Wunsch eines jeden Lebewesens: Glück.

Wir denken gerne, dass Glück der heilige Gral der Gefühle ist – ein Ort, den wir gerne finden, bewohnen und nie wieder verlassen würden.

Aber ich möchte dich mit einem anderen Gedanken zurücklassen: Glück ist keine Emotion, die es zu finden gilt. Glück ist der Mangel an anderen Emotionen.

Wenn Emotionen Rückkopplungsmechanismen des Körpers sind, die dem Verstand mitteilen, dass sich etwas ändern muss, dann ist Glück das Fehlen dieser Rückkopplung – es ist der Moment, in dem sich nichts ändern muss. In dem alles wunderbar ist, so wie es ist.

Glück entsteht also nicht dadurch, dass wir mehr von etwas finden und etwas außerhalb von uns selbst anstreben. Vielmehr findet man Glück, indem man loslässt und sich auf weniger konzentriert.

TEIL III:

BESSERE PROBLEME WÄHLEN

SETZ DEINE HOFFNUNG NICHT AUF EIN LEBEN OHNE PROBLEME

Wir alle sehnen uns nach einem problemlosen Leben voller ewiger Freude und Glück, doch das ist der Stoff, aus dem schreckliche Träume gemacht sind.

Die Wahrheit ist schwer zu akzeptieren: Die Probleme des Lebens sind unvermeidlich. Sie hören nie auf, kommen immer auf uns zu. Wenn man versucht, der endlosen Reihe von Problemen auszuweichen, macht man sie nur noch schlimmer.

Das Lösen von Problemen gibt uns ein Gefühl der Sinnhaftigkeit. Um mit uns selbst zufrieden zu sein, brauchen wir also Probleme, die wir lösen können. Das bedeutet, dass die Lösung eines Problems immer die Schaffung des nächsten Problems sein sollte. Der Trick besteht darin, dafür zu sorgen, dass du jedes Mal, wenn du ein Problem löst, bessere Probleme schaffst. Das heißt, du tauschst alle deine Probleme gegen bessere Probleme aus.

Niemand sollte sich um ein Leben ohne Kämpfe bemühen: Das ist unmöglich. Stattdessen sollten wir einfach danach streben, für bessere Gründe zu kämpfen. Ein gutes Leben bedeutet, gute Probleme zu haben. Wir werden unsere Probleme nie ganz los, sondern wir verbessern sie nur. Ein Obdachloser hat Geldprobleme. Warren Buffett hat Geldprobleme. Aber wir alle hätten lieber die Geldprobleme von Warren Buffett als die des Obdachlosen.

Anders ausgedrückt: Der Fortschritt besteht in der Verbesserung der Probleme.

In diesem Teil des Journals betrachten wir die Probleme in deinem Leben und fragen, wie du sie verbessern könntest. Statt die

Probleme loswerden oder positiv über sie denken zu wollen, frag dich einfach: Was ist das bessere Problem, das ich hier haben kann?

Starten wir durch!

WAS IST DEIN PROBLEM?

Denk an ein Problem, mit dem du in deinem Leben zu kämpfen hast. Beschreibe die Situation.

BEISPIEL:

Meine Partnerin ist sauer, weil wir nicht genug Zeit miteinander verbringen, und sie möchte, dass ich mehr Eigeninitiative bei der Organisation unserer gemeinsamen Zeit zeige. Es fällt mir schwer, an diese Art von Dingen zu denken. Ich habe nicht einmal gemerkt, dass wir ein Problem haben, bis sie sich darüber aufgeregt hat, dass ich nicht genug Zeit für sie habe.

DU BIST DRAN:

WAS IST DEIN PROBLEM?

Der erste Schritt zur Bewältigung eines Problems besteht darin festzustellen, welche Aspekte des Problems wir kontrollieren können und welche nicht. Oftmals regen wir uns auf und versuchen, Dinge zu ändern, die außerhalb unserer Kontrolle liegen. Gleichzeitig beschweren wir uns und schieben die Verantwortung für die Dinge, die wir kontrollieren können, von uns. Solange wir diese beiden Kategorien nicht klären können, kommen wir nicht weiter.

WAS MAN NIE ÄNDERN KANN:

- *die Vergangenheit,*
- *die Welt,*
- *andere Menschen.*

WAS MAN IMMER ÄNDERN KANN:

- *deine Einstellung,*
- *deine Annahmen,*
- *dein Verhalten.*

Schreib die Aspekte deines Problems auf, auf die du keinen Einfluss hast, und die Aspekte deines Problems, die du unter Kontrolle hast.

BEISPIEL:

Ich kann nicht kontrollieren, was meine Partnerin fühlt. Ich kann auch nicht kontrollieren, dass sie anscheinend mehr gemeinsame Zeit braucht als ich, um in der Beziehung zufrieden zu sein. Ich kann aber kontrollieren, wie oft ich da bin und, was noch wichtiger ist, wie ich ihr meine mögliche Abwesenheit erkläre. Oft bin ich nicht da, weil ich so viele andere Verpflichtungen habe, nicht weil ich nicht will.

DU BIST DRAN:

Die allermeisten Probleme entstehen nicht aus dem Nichts. Wir haben verschiedene Entscheidungen getroffen, die zu dem Problem geführt haben, also sind wir teilweise für das Problem verantwortlich. Dieses Verantwortungsbewusstsein ist eigentlich sehr ermutigend, denn es ermöglicht uns, unsere Entscheidungen in Zukunft zu ändern. Schauen wir uns nun die Entscheidungen an, die du in der Vergangenheit getroffen hast und die zu deinem Problem geführt haben.

BEISPIEL:

Ich habe mich entschieden, meiner Arbeit Vorrang vor meiner Beziehung zu geben, weil ich das Gefühl hatte, dass sie zu diesem Zeitpunkt für mich wichtiger war. Ich entschied mich, spät und am Wochenende zu arbeiten.

Ich habe mich entschieden, früh ins Bett zu gehen, weil ich erschöpft war. Ich habe mich entschieden, meine Partnerin einige Male zu ignorieren.

DU BIST DRAN:

Wahres Glück stellt sich nur ein, wenn man Probleme findet, die man gerne hat und gerne löst.

Bist du mit den getroffenen Entscheidungen zufrieden? Würdest du die Zeit gerne zurückdrehen und es anders machen? Denk daran, dass »Nein« hier immer eine akzeptable Antwort ist – wenn das der Fall ist, dann ist das das Problem, das du gewählt hast!

BEISPIEL:

Ich bedaure nicht, dass ich meiner Arbeit den Vorrang gegeben habe, aber ich habe sicherlich nicht bedacht, wie sich das auf meine Beziehung auswirken würde, was definitiv ein Fehler war. Ich möchte nicht ewig so viel arbeiten, und ich möchte meiner Beziehung in Zukunft einen höheren Stellenwert einräumen. Ich kann daran arbeiten, dies besser zu kommunizieren.

DU BIST DRAN:

Jetzt, wo du dich entschieden hast, welche Entscheidungen du ändern möchtest, ist es an der Zeit, eine Liste möglicher Maßnahmen zu erstellen, die diese neuen Entscheidungen umsetzen.

BEISPIELE:

- Ich kann Mittwochabend zur Date Night erklären.
- Ich kann auf dem Heimweg Blumen oder ihr Lieblingseis holen, um ihr zu zeigen, wie sehr ich sie mag, auch wenn ich nicht da bin.
- Ich kann dafür sorgen, dass wir die Wochenendvormittage zusammen verbringen, so wie wir es früher getan haben.

DU BIST DRAN:

Großartig! Natürlich kannst du das tun. Aber halt kurz inne und denk nach, ob du damit ein neues Schlamassel heraufbeschwörst. Frag dich, welche potenziellen Probleme sich aus diesen neuen Entscheidungen ergeben werden. Sind das bessere Probleme? Wenn nicht, dann solltest du vielleicht ein paar Schritte zurückgehen und deine Entscheidungen noch einmal überdenken!

BEISPIELE:

- Ich muss mir öfter überlegen, was ich an den Date Nights mache.
- Mein Heimweg fällt länger aus, wenn ich noch Dinge für sie einkaufe.
- Ich muss mich mehr anstrengen, um konzentrierter und präsenter bei ihr zu sein.

DU BIST DRAN:

Wenn in unserem Leben etwas aus dem Ruder läuft, ist unsere erste Reaktion meist Jammern und Stöhnen und die Frage »Warum passiert das ausgerechnet mir?«.

Aber versuchen wir stattdessen zu fragen: »Was kann ich daraus lernen?«

Denn man kann unmöglich etwas bereuen, was einem letztlich zugutegekommen ist. Wenn wir aus unseren schlechten Entscheidungen lernen, können wir sie möglicherweise in gute Entscheidungen umwandeln.

Also, was hast du aus diesem Problem gelernt?

BEISPIEL:

Ich habe meine Beziehung definitiv als selbstverständlich angesehen. Mir war nicht klar, wie viel Arbeit nötig ist, um uns beide glücklich zu machen, selbst nach drei oder vier Jahren. Ich habe gelernt, ihr meine Prioritäten besser zu vermitteln. Ich habe auch gelernt, dass kleine Gesten und kleine Anstrengungen viel ausmachen. Ich bin immer davon ausgegangen, dass es nur ein Pups ist, zum Mittagessen nach Hause zu kommen oder ihr ein kleines Geschenk zu kaufen, und dass es deshalb sinnlos ist. Aber jetzt merke ich, dass gerade die kleinen Dinge viel bedeuten können.

DU BIST DRAN:

ZWISCHENSPIEL

DAS GEHEIMNIS HEISST OPFER

Wenn du dich durch dein Leben bewegst und von einem Problem zum etwas besseren Problem zum noch etwas besseren Problem aufsteigst, wirst du Folgendes bemerken: Etwas aufzugeben fühlt sich irgendwie gut an.

Wenn wir jung und unreif sind, haben wir die Vorstellung, dass wir alles haben können, alles tun können, alles sein können. Unser Konzept der »Verbesserung« ist darauf angelegt, immer mehr für immer weniger zu bekommen.

Aber wenn wir älter werden und uns von Problem zu Problem verbessern, stellen wir fest, dass wir, wenn wir die Probleme finden, die uns gefallen, gerne bereit sind, Dinge aufzugeben. Wir sind gerne bereit, Opfer zu bringen. Wir geben gerne einen Teil unserer Wochenenden auf, um unsere Beziehungen zu verbessern. Wir bringen gerne Opfer bei der Arbeit, um die Moral im Team zu verbessern. Wir helfen gerne anderen in Not.

Und wir mögen diese Dinge nicht nur, sondern sie werden zu den wertvollsten Dingen. Ein Opfer ist nicht das Gegenteil eines zufriedenen und erfüllten Lebens. Ein Opfer ist ein zufriedenes und erfülltes Leben.

TEIL IV:

WENIGER DRAUF GEBEN

WER DU BIST, WIRD DURCH DEINE WERTE DEFINIERT

Jeden Moment des Tages entscheidest du, ob du dir dessen bewusst bist oder nicht, wie du deine Zeit verbringst, worauf du deine Aufmerksamkeit richtest, wohin du deine Energie lenkst.

Im Moment entscheidest du dich dafür, dieses Journal zu benutzen. Scheiße, ja! Es gibt unendlich viele Dinge, die du stattdessen tun könntest, aber in diesem Moment entscheidest du dich für dieses Journal. Vielleicht schreibt dir in einer Sekunde jemand eine SMS und du legst das Journal weg. Vielleicht entscheidest du dich, einen Film zu sehen. Vielleicht bemerkst du, dass du wirklich pinkeln musst.

Wenn diese Dinge passieren, triffst du eine einfache, wertorientierte Entscheidung: Dein Handy (oder dein Klo) ist für dich in diesem Moment wertvoller als die Nutzung des Journals. Dein Verhalten folgt dieser Einschätzung.

Unsere Werte spiegeln sich ständig in der Art und Weise wider, für welches Verhalten wir uns entscheiden. In den Dingen, denen wir Priorität einräumen. Das ist von entscheidender Bedeutung, denn wir alle haben ein paar Dinge, von denen wir denken und sagen, dass wir sie schätzen, aber wir untermauern sie nicht mit Taten. Tatsächlich besteht oft eine Diskrepanz zwischen dem, was wir zu schätzen behaupten, und dem, was wir tatsächlich tun.

Ich kann den Leuten (und mir selbst) erzählen, bis ich blau anlaufe, dass mir der Klimawandel oder die Gefahren der sozialen Medien am Herzen liegen, aber wenn ich meine Tage damit verbringe, in einem benzinfressenden SUV herumzufahren und ständig meinen Newsfeed zu aktualisieren, dann sagt mein Verhalten, sagen meine Handlungen etwas anderes aus. Genauso wenig wie die Hüften lügen die Taten. Du glaubst vielleicht, dass du den Job haben willst, aber wenn es hart auf hart kommt, wirst du immer irgendwie erleichtert sein, dass dich niemand zurückgerufen hat und du dich deshalb wieder in deine Videospiele stürzen kannst.

Leider sind wir in der Regel erst dann bereit, uns mit unseren Werten auseinanderzusetzen und zu hinterfragen, warum sie uns verraten, wenn wir starken Schmerz oder Störungen in unserem Leben erleben. Erst dann sind wir in der Lage, die Diskrepanzen zwischen dem, was wir sagen und glauben, und dem, was wir tatsächlich tun, klar zu erkennen.

Wenn wir von unseren Werten abgekoppelt sind – wenn wir zum Beispiel Videospielen den Vorrang geben, aber glauben, dass wir Ehrgeiz und harte Arbeit schätzen –, werden unsere Überzeugungen und Ideen von unseren Handlungen und Gefühlen getrennt.

Der Versuch, diese Trennung zu überbrücken, führt dazu, dass wir Wahnvorstellungen über uns selbst und die Welt entwickeln. Ab hier wird es dann kritisch. Und an dieser Stelle kommt dieses Journal ins Spiel.

Mithilfe dieses Teils des Journals entwickelst du ein klares Verständnis für die Werte und Verhaltensweisen, die du tatsächlich annehmen willst, für die Identitäten, die du ablegst oder die du annehmen willst, sowie für das Leben, das du dir für dich wünschst. Wenn du mit diesem Teil fertig bist, solltest du eine klare Vorstellung davon haben, wer du bist und wie du dich verhalten müsstest, um dich an dieser Vision auszurichten.

LEGEN WIR ALSO LOS!

Bevor du diesen Abschnitt nutzt, um ein Problem zu bearbeiten, das dich beschäftigt, möchte ich dich bitten, deine höchsten Werte aufzulisten, damit du beim Beantworten von Fragen immer darauf zurückgreifen kannst. Persönliche Werte sollten als Messlatte dienen, mit der wir bestimmen, was ein erfolgreiches und sinnvolles Leben ist. Es geht also darum, einige gute Werte festzulegen. Wenn du deine Werte im Voraus formulierst, erkennst du leichter Verhaltensmuster, die im Widerspruch zu der großartigen Person stehen, die du zu enthüllen versuchst.

GUTE WERTE SIND

- *realitätsbezogen,*
- *konstruktiv und*
- *kontrollierbar.*

SCHLECHTE WERTE SIND

- *emotionsbasiert,*
- *destruktiv und*
- *unkontrollierbar.*

Gute Werte sind in der Regel Dinge, die wir kontrollieren können, die uns selbst und anderen helfen und die die Realität genau widerspiegeln. Die Wertschätzung für meine Familie ist gut und gesund. An das fliegende Spaghettimonster zu glauben und zu versuchen, meine Familie in einem Ritual zu ermorden, ist ein Beispiel für einen schlechten Wert.

Einige Beispiele für gute, gesunde Werte: Ehrlichkeit, etwas Neues aufbauen, Verletzlichkeit, für sich selbst einstehen, für andere eintreten, Selbstachtung, Neugier, Nächstenliebe, Demut und Kreativität.

Umgekehrt entziehen sich schlechte Werte meist unserer Kontrolle, sind destruktiv für uns selbst und andere und beruhen weitgehend auf unseren eigenen Impulsen und nicht auf der Realität.

Einige Beispiele für schlechte, ungesunde Werte: andere durch Manipulation oder Gewalt dominieren, mehr Männer/Frauen ficken, sich immer gut fühlen, immer im Mittelpunkt stehen, nicht allein sein, von allen gemocht werden, reich sein um des Reichtums willen und den heidnischen Göttern kleine Tiere opfern.

Denk darüber nach, was dir in deinem Leben wichtig ist und was für ein Mensch du bist. Was sind deine höchsten Werte? Zähle mindestens zehn auf.

BEISPIELE:

- Ehrlichkeit
- Kreativität
- Familie
- Stabilität
- Gesundheit
- Reputation

Tipp: *Wenn es dir schwerfällt, klar herauszuarbeiten, was du wertschätzt, dann frag dich einfach, welche Probleme du gerne löst, die andere nicht so gerne lösen. Das ist es, was du schätzt. Wenn du die richtigen Probleme wählst, wählst du auch die richtigen Werte.*

DU BIST DRAN:

Jetzt, wo du deine Liste hast, kannst du diesen Abschnitt jedes Mal verwenden, wenn du dich in deinem Leben unausgeglichen oder zerrissen fühlst. Wenn du durcharbeitest, was vor sich geht, und mit dem abgleichst, was für dich wertvoll ist, wird dir klar, ob du dir selbst treu bist oder nicht.

Glück liegt nicht außerhalb von uns selbst, es ist lediglich eine Wahl – eine Wahl, die darauf beruht, was wir in jedem einzelnen Moment schätzen und wichtig finden.

WIDERSPRÜCHLICHE WERTE

Im Allgemeinen treten die schwierigsten Momente in unserem Leben auf, wenn wir zwei gegensätzliche Werte haben. Wir wollen im Beruf Höchstleistungen erbringen, aber wir wollen auch für unsere Kinder da sein. Wir wollen mehr Zeit mit unseren Freund:innen verbringen, aber wir wollen auch unseren Partner oder unsere Partnerin nicht im Stich lassen. Wir wollen unsere Steuern nicht bezahlen, aber wir wollen auch nicht wegen Steuerhinterziehung hinter Gittern landen. Das Leben besteht aus solchen Dilemmas.

Treten diese Konflikte zwischen zwei gesunden Werten auf (zum Beispiel sich mehr auf die Arbeit zu konzentrieren und mehr Zeit mit den Kindern zu verbringen), dann werden sie zu einer Frage der Prioritäten und des Zeitmanagements.

Aber oft kollidiert ein guter Wert mit einem schlechten Wert (zum Beispiel sich um seine Gesundheit zu kümmern und nicht mit seinen Freund:innen eine weitere durchzechte Nacht zu verbringen). In solchen Situationen müssen wir genau hinschauen, die ungesunden Werte und ihre Hintergründe erkennen und dann versuchen zu ändern, wie sehr wir uns um sie scheren.

Welche Störung oder welchen Konflikt erlebst du in deinem Leben, wodurch du deine Werte infrage stellst? Beschreibe die Situation.

BEISPIEL:

Ich habe meiner Familie immer sehr nahegestanden, aber in letzter Zeit habe ich das Gefühl, dass sich niemand wirklich für mich interessiert. Niemand kümmert sich darum, was ich tue oder was ich durchmache. Früher haben sie sich viel mehr um mich gekümmert, und ich weiß nicht, was passiert ist. Ich habe das Gefühl, dass ich ihnen einfach weniger Aufmerksamkeit schenken sollte.

DU BIST DRAN:

Wenn du mit den Problemen, die du derzeit in deinem Leben hast, nicht zufrieden bist, dann wirf einen langen, harten Blick auf die Werte, die diese Probleme verursacht haben. Vielleicht ist es an der Zeit, deine Prioritäten zu ändern.

Wie genau spiegeln deine Handlungen deine persönlichen Werte wider? Es ist leicht zu sagen, dass wir etwas schätzen, aber wenn wir es nie wirklich tun, wie sehr schätzen wir es dann wirklich?

BEISPIEL:

Ich rufe meine Mutter einmal pro Woche an, um zu sehen, wie es ihr geht. Früher hab ich das ein paarmal pro Woche gemacht, aber inzwischen hab ich so viel zu tun. Meine Schwester und ich versuchen, uns einmal im Monat zu treffen, aber das ist jetzt schon zwei Monate her. Ich denke immer an Geburtstage und versuche, keine Familienfeiern zu verpassen, aber seit der Coronapandemie ist das schwierig. Wir haben alle aufgehört, uns zu treffen, und jetzt sehe ich kaum noch jemanden.

DU BIST DRAN:

Falls es dir schwerfällt, deine Handlungen mit deinen Werten in Einklang zu bringen, welche Prioritäten setzt du dann? Was sagen deine Handlungen tatsächlich aus? Was ist dir wirklich wichtig?

BEISPIEL:

Ich verbringe viel Zeit mit mir selbst, ohne besonderen Grund. Manchmal, wenn Papa anruft, bin ich beschäftigt und vergesse dann einfach zurückzurufen. Früher bin ich jeden Sonntag zum Abendessen zu meinen Eltern gegangen, aber die letzten Male bin ich lieber mit Freund:innen ausgegangen, und ich denke, mein Verhalten zeigt, dass ich meine Freund:innen über meine Familie stelle.

DU BIST DRAN:

Welche Einflüsse oder Handlungen kannst du aus deinem Leben entfernen, damit du deine Werte besser leben kannst?

BEISPIEL:

Ich könnte wahrscheinlich aufhören, meine Freund:innen so oft zu sehen. Ich liebe sie, aber ich sollte sie nicht immer über meine Familie stellen. Außerdem trinke ich zu viel mit ihnen, und manchmal bin ich einfach viel zu verkatert, um etwas mit meiner Familie zu unternehmen.

DU BIST DRAN:

WIDERSPRÜCHLICHE WERTE

Konzentriere dich auf das, was du kontrollieren kannst. Scheiß auf den Rest.

Denk dran: Es ist eine Sache, was du denkst, fühlst oder wünschst, was wahr sei; unabhängig davon, spiegeln sich wahre Werte in deinen Entscheidungen und Handlungen wider.

Schau nun auf deine Antworten zurück und sei ehrlich zu dir selbst. Sind diese Werte hilfreich für dich? Oder musst du dir überlegen, ob du bessere Werte annehmen solltest? Denk darüber nach und geh zum Anfang des Abschnitts zurück, um gegebenenfalls Werte hinzuzufügen und/oder zu streichen.

DU BIST DRAN:

Um deine alten, fehlerhaften Werte durch neue, gesunde Werte zu ersetzen, musst du das Narrativ über deine Erfahrungen verstehen.

Bei der Wahl besserer Werte geht es darum, uns von ungesunden Vorstellungen zu befreien und die richtigen Arten von Unsicherheiten in unser Leben einzuladen.

Wenn du dich zum Beispiel schämst, vor deinen Kolleg:innen die falschen Schuhe zu tragen, dann ist das ein Zeichen dafür, dass deine Werte nicht stimmen – dass es dir mehr um Äußerlichkeiten und die Anerkennung deiner Mitmenschen geht als darum, dich selbst und deinen eigenen Geschmack zu respektieren.

Beschreibe eine Situation, von der du glaubst, dass das Ersetzen eines fehlerhaften Wertes durch einen gesünderen Wert deine Erfahrungen verbessert hätte.

DU BIST DRAN:

Es gibt keine »schlechte Erfahrung«, sondern nur eine Erfahrung, die wir nicht nutzen.

Wir alle entscheiden immer wieder neu, was uns wichtig ist, ob wir es merken oder nicht. Wenn du dir nie die Frage stellst, was dir wichtig ist und worauf du ernsthaft etwas gibst, dann werden die Kräfte um dich herum deine Werte für dich bestimmen.

Unsere Werte bestimmen die Art unserer Probleme, und die Art unserer Probleme bestimmt die Qualität unseres Lebens. Gute Werte bedeuten ein gutes Leben.

Aber wie können wir unsere Werte ändern?

ZWISCHENSPIEL

WISSEN VERSUS TUN

Während deine Werte dein Verhalten bestimmen, bestimmt neues Verhalten neue Werte. Es reicht nicht aus, einfach hier zu sitzen und darüber nachzudenken, was du schätzen willst. Wie mein Freund Derek Sivers so schön sagt: »Wenn Veränderung so einfach wäre wie das Wissen um Informationen, dann wären wir alle Millionäre mit einem Sixpack.«

Nimm dir einen Moment Zeit und frage dich: Welche Dinge in deinem Leben würdest du gerne tun? Und du weißt sogar, wie du sie tun könnest, tust sie aber trotzdem nicht. Warum?

Wie diese Liste beweist, reicht die bloße Wertschätzung einer Sache nicht aus, um sie zu tun.

Werte bedeuten nichts ohne Taten. Daher wird der letzte Teil dieses Journals dich dabei unterstützen, dich für neue Handlungen und Verhaltensweisen zu rüsten.

TEIL V:

GRÖSSERE ZIELE FINDEN

Die wenigen Menschen, die etwas wirklich Außergewöhnliches leisten, tun dies nicht, weil sie glauben, dass sie außergewöhnlich sind. Im Gegenteil, sie werden außergewöhnlich, weil sie davon besessen sind, sich zu verbessern.

WIE MAN EIN BESSERES LEBEN FÜHRT

Lass uns mit einer einfachen Frage beginnen: Lebst du das Leben, das du leben willst?

Falls du nicht sofort und begeistert »Verdammt, ja« antwortest, dann stimmt etwas nicht.

Dieser Teil des Journals soll dir helfen, diese Frage zu beantworten und Maßnahmen zu ergreifen, um dein Leben zum Besseren zu verändern. Das mag auf den ersten Blick ein wenig entmutigend erscheinen, aber wir unterteilen alles in überschaubare Abschnitte. Und du kannst dann in den kommenden Monaten und Jahren auf diese Schritte zurückgreifen und nach ihnen handeln. Man kann das als jährlichen Prozess einplanen – dann bewertest du jedes Jahr neu, wo du stehst und wohin du willst.

Für dieses System habe ich eine Übung adaptiert, die ein guter Freund von mir seit über zehn Jahren jedes Jahr durchzieht. Ich habe sie mit ein paar Zielsetzungstechniken abgewandelt, über die ich im Laufe der Jahre gestolpert bin, sodass du vielleicht Teile davon wiedererkennst. Revolutionär ist daran nichts. Aber es funktioniert. Und das ist das Wichtigste.

DIE GRUNDLAGE FÜR EIN BESSERES LEBEN

Bevor wir uns kopfüber in die Erstellung eines Aktionsplans stürzen, möchte ich, dass du dir überlegst, was dich zu einem glücklicheren, erfüllteren Menschen machen würde. Was würde dein Leben besser machen, als es im Moment ist?

Ist es mehr Geld? Mehr Sex? Mehr Liebe, Bewunderung und Respekt von deiner Familie, deinen Freund:innen und Gleichaltrigen? Mehr zu entdecken und »neue Dinge« auszuprobieren? Eine sinnvollere Arbeit zu finden?

Ist es alles zusammen?

Was auch immer du glaubst, was dich glücklicher machen würde, ich wette, es fällt in eine oder mehrere der folgenden Kategorien: Freiheit (finanziell oder anderweitig), Beziehungen oder Gesundheit. Denn dies sind die drei Hauptkomponenten des Glücks. Und wenn es dir in deinem Leben an einer oder mehreren dieser Komponenten mangelt, ist es praktisch unmöglich, sich erfüllt zu fühlen.

Jedes Wachstum erfordert einen Verlust. Ein Verlust deiner alten Werte, deiner alten Verhaltensweisen, deiner alten Lieben, deiner alten Identität. Deshalb beinhaltet Wachstum oft auch eine Komponente der Trauer.

FREIHEIT

Wenn du glaubst, dass es dir an Freiheit mangelt und du das Gefühl hast, dass du wenig Kontrolle darüber hast, wie du deine Zeit verbringst, dann wirst du dich an den meisten Tagen nicht sehr zufrieden fühlen.

Aus diesem Grund sind Menschen mit gut bezahlten Jobs, die mehr als 80 Stunden pro Woche arbeiten, oft unglücklich. Sicherlich haben sie Geld, aber sie haben keine Freiheit, kein Gefühl der Kontrolle über ihre Zeit. Mit Geld kann man kein Glück kaufen. Aber wenn es richtig eingesetzt wird, kann man sich mit Geld Freiheit kaufen.

Menschen mit einem bescheideneren Einkommen, aber mehr Flexibilität im Job sind oft glücklicher als diejenigen, die das nicht haben. In gewisser Weise ist die Art und Weise, wie man sein Geld verdient, wichtiger als die Höhe des Einkommens.

BEZIEHUNGEN

Wir haben zu viele Geschichten über den dreimal geschiedenen Promi gehört, der in einem Interview in Tränen ausbricht und sagt, dass er sein ganzes Vermögen für eine einzige gute Beziehung und Kinder, die tatsächlich mit ihm reden, hergeben würde.

Aus allen Daten über Glück und Lebenszufriedenheit geht hervor, dass die Qualität unserer Beziehungen den größten Einfluss auf die Qualität unseres Lebens hat. Je besser unsere Beziehungen sind, desto glücklicher und zufriedener sind wir. Je schlechter unsere Beziehungen sind, nun ja …

GESUNDHEIT

Natürlich bedeuten alle Freiheiten und erfüllenden Beziehungen der Welt nicht viel, wenn man nicht gesund ist. Hier ein weiteres

Klischeebeispiel: Geh auf die Krebsstation deines örtlichen Krankenhauses und frag jemanden auf dem Sterbebett, ob er lieber eine Zillion Dollar hätte oder keinen Krebs mehr. Mach dich darauf gefasst, dass du ernsthaft angestarrt wirst und vielleicht eine Bettpfanne oder zwei in deine Richtung geworfen werden.

GLÜCKSDREIECK

Wir alle haben diese klischeehaften Gleichnisse im Laufe unseres Lebens immer wieder gehört, aber viele von uns begreifen nicht, dass es nicht nur eines dieser Dinge ist, das uns glücklich macht. Man braucht ein gewisses Maß an allen drei Dingen – Freiheit, erfüllende Beziehungen und Gesundheit –, um ein Gefühl der Zufriedenheit und des Glücks im Leben zu verspüren.

Was ich damit sagen will: Ich möchte, dass du diese drei Bereiche im Auge behältst, wenn du diesen Abschnitt durchgehst. Vielleicht hast du solide Beziehungen, bist jung und gesund, aber was dich wirklich daran hindert, das Leben zu genießen, ist der Mangel an Freiheit aufgrund deiner Arbeit. Gut zu wissen. Arbeite daran. Aber nicht auf Kosten deiner Beziehungen und deiner Gesundheit.

Das Schöne an diesem »Glücksdreieck« ist, dass die Ordnung in einem dieser Lebensbereiche eine positive Rückkopplungsschleife zu den anderen Bereichen schaffen kann. Einen Job zu finden oder ein Unternehmen zu gründen, das dich nicht 50 Wochen im Jahr gegen deinen Willen an den Schreibtisch fesselt, kann Zeit und Energie freisetzen, um dich auf deine Beziehungen zu konzentrieren. Die Pflege und der Ausbau gesunder Beziehungen in deinem Leben – seien es romantische oder andere – hat enorme positive Auswirkungen auf deine Gesundheit und dein allgemeines Wohlbefinden.

Wenn alle diese Bereiche deines Lebens im Argen liegen und du dich für einen entscheiden müsstest, solltest du mit deiner Gesundheit beginnen. Ein gesunder Geist und ein gesunder Körper können dir das Selbstvertrauen und die Energie geben, die du brauchst, um präsent zu sein und zu deinen Beziehungen beizutragen. Es ist viel einfacher, seine Arbeit gut zu machen, wenn man gesund und klar im Kopf ist.

Und mit diesen Infos im Hinterkopf legen wir jetzt los.

Es ist besser, dafür gehasst zu werden, wer man ist, als dafür geliebt zu werden, wer man nicht ist.

WIE GEHE ICH DEN NÄCHSTEN ABSCHNITT AN?

Ich erspare dir an dieser Stelle die ganze Wissenschaft und die Informationen über Zielsetzungstechniken und darüber, warum das Aufschreiben von Dingen eine »magische« Wirkung auf dein Gehirn zu haben scheint. Darum geht's in diesem Journal nicht. Achte darauf, die Übungen an einem ruhigen Ort ohne Ablenkung durchzuziehen. Nimm dir Zeit. Überstürze nichts.

Und denke daran: Das Leben ändert sich. Es passieren Dinge, auf die du keinen Einfluss hast oder die du nicht kommen siehst. Sei flexibel und pass dich an, während du auf dieser großartigen Reise, die sich Leben nennt, unterwegs bist. Sei nicht zu hart zu dir selbst, wenn die Dinge nicht so laufen wie geplant (das tun sie sowieso sehr selten).

Zu jedem einzelnen Schritt gibt's von mir kurze Beispiele, aber – ganz wichtig: Du musst diesen Prozess zu deinem eigenen machen!

Sei kreativ.
Sei mutig.
Viel Glück!

BRAINSTORMING

Der erste Schritt ist am einfachsten und macht wahrscheinlich am meisten Spaß. Du nimmst dir 20 Minuten Zeit für dich selbst und schreibst alles auf, was du in deinem Leben noch tun möchtest, bevor du stirbst. Alles. Egal, wie groß oder klein, wie trivial oder wichtig.

Nur weil du es aufgeschrieben hast, heißt das nicht, dass du es auch tun musst; der Sinn dieses Schrittes liegt darin, deinen Geist zum Forschen anzuregen – zum Brainstorming.

Schreib alles auf, was auch nur im Entferntesten cool und möglich (oder unmöglich) klingt. Alles, was sich so anhört, als würde es dich begeistern und morgens aus dem Bett treiben. Anfangs sollte das sehr einfach von der Hand gehen, aber mit der Zeit wird es immer schwieriger. Halte dich an 20 Minuten! Wahrscheinlich wirst du in den letzten fünf bis zehn Minuten dein Gehirn ausquetschen müssen. Aber mach trotzdem weiter.

Bei dieser ersten Übung spürst du vielleicht, dass du dir deiner selbst bewusst wirst oder anfängst, einige deiner Antworten zu bewerten. Hör damit auf! Diese Liste ist nur für dich. Also absolut kein Grund, sich für irgendwas zu schämen, was du schreibst. Und falls du doch zögern solltest, zu viel zu schreiben, solltest du dich fragen, warum du so viel Angst davor hast, deine eigenen Impulse zu akzeptieren.

Andererseits stehen die Chancen gut, dass dir beim Schreiben deiner Liste zwei oder drei Einträge wie riesige Stroboskoplichter ins Auge springen werden. Auch einzelne Einträge können dich überraschen. Prima.

Falls du viele Überraschungen auf deiner Liste hast oder etliche deiner Einträge dich bereits zum Nachdenken oder Überdenken einiger Dinge gebracht haben, umso besser! Sobald du das Gefühl hast, dass du schon sehr viel verarbeitet hast, solltest du vor dem kommenden Schritt ein paar Stunden Pause einlegen.

ÜBUNG

Schreib alles auf, was du in deinem Leben noch tun möchtest, bevor du stirbst.

- Französisch lernen
- Kinder haben
- Schwerelosigkeit im Weltraum erleben

IDEALES LEBEN (LANGFRISTIG)

Nachdem du nun dein Brainstorming durchgezogen und mehr Ideen gesammelt hast, als du jemals brauchen wirst, ist es an der Zeit, sich darauf zu konzentrieren, wie du dein Leben gestalten willst. Denk daran, dass hier alles möglich ist. Wir fantasieren immer noch. Es spielt keine Rolle, ob du dieses Leben für möglich hältst oder nicht, schreib es auf.

Sobald du deine Vorstellungskraft nutzt, können sich Wünsche erfüllen, von denen du vielleicht gar nicht wusstest, dass es sie gibt. Die Chancen stehen gut, dass du so in deinem Kopf bereits über Möglichkeiten nachdenkst, wie du die Punkte von der Idee zur Realität verbinden könnest. Gut so. Jetzt arbeitet dein Verstand aktiv daran herauszufinden, wie du deine Träume verwirklichen kannst. Das ist ein grundlegender erster Schritt. Jetzt motivierst du dich nämlich selbst auf der Grundlage deiner eigenen Wünsche und nicht nur, um anderen zu gefallen!

ÜBUNG

Beschreibe dein ideales Leben in fünf Jahren. Beschreibe es so detailliert wie möglich. Beschreibe, wo du leben würdest, was du jeden Tag tun würdest, welchen Job du gerne hättest, mit wem du deine Zeit verbringen würdest und womit du sie verbringen würdest. Lass dir Zeit. Dafür solltest du etwa 20 Minuten brauchen.

Mein ideales Leben in fünf Jahren wäre, dass ich in Kalifornien lebe, wahrscheinlich in Los Angeles. Ich hätte meine eigene Wohnung in Strandnähe. Meine Arbeitszeiten wären flexibel, sodass ich oft surfen gehen könnte. Ich würde mich mehr aufs Programmieren als Freiberufler konzentrieren und wäre nicht an eine einzelne Firma gebunden, sodass ich viel mehr Kontrolle über mein Arbeitspensum und meinen Verdienst hätte. Ich hätte Kinder, die auf eine gute Schule gehen würden. Ich hätte viel Zeit zum Lesen und wäre in der besten körperlichen Verfassung meines Lebens. Ich würde wieder mit dem Malen anfangen und es regelmäßig angehen, zum Beispiel jede Woche, vielleicht sogar ein paar Bilder verkaufen.

Meine Ansage: Finde dich nicht selbst. Wisse nie, wer du bist. Denn so treibst du dich an und gehst auf Entdeckungsreise. Und du zwingst dich dazu, bescheiden zu bleiben in deinen Urteilen und die Unterschiede in anderen zu akzeptieren.

IDEALES LEBEN (KURZFRISTIG)

Diese Übung ist genau wie die letzte, nur dass du dein ideales Leben nicht in fünf Jahren, sondern in einem Jahr siehst. Achte bei dieser Projektion in die Zukunft darauf, dass deine Entscheidungen realistisch und erreichbar sind, aber auch, dass sie ein Schritt in Richtung deiner letzten Antwort sind.

ÜBUNG

Beschreibe dein ideales Leben in einem Jahr. Beschreibe es so detailliert wie möglich. Beschreibe, wo du leben würdest, was du jeden Tag tun würdest, welchen Job du gerne hättest, mit wem du deine Zeit verbringen würdest und womit du sie verbringen würdest. Lass dir Zeit. Dafür solltest du etwa 20 Minuten brauchen.

In einem Jahr werde ich meine freiberufliche Tätigkeit aufgenommen und 20 000 Dollar gespart haben. Ich werde Zeit und Geld investiert haben, um wieder in meine Kunst einzusteigen, und mindestens drei Gemälde fertiggestellt haben. Ich werde auch eine Mitgliedschaft im Fitnessstudio haben und regelmäßig trainieren. Und so weiter.

Wie du vielleicht bemerkt hast, fällt diese Projektion sehr viel handlungsorientierter aus. Wenn du damit fertig bist, sollten viele der Schritte, die du unternehmen kannst, ziemlich offensichtlich sein.

Leg ruhig eine Pause ein, bevor du auf diesen Abschnitt zurückkommst, aber wir sind längst noch nicht fertig.

RICHTIG DRAUFSCHEISSEN

Jetzt geht's daran, dein derzeitiges Leben unter die Lupe zu nehmen. Zeit, sich genau anzuschauen, womit du deine Zeit verbringst, und dann die Aktivitäten auszumisten, die dir nicht dienen und dich nicht auf dem Weg zu deinem idealen Leben voranbringen.

Diese Übung besteht aus drei Teilen. Schreibe zunächst alles auf, womit du jeden Tag deine Zeit verbringst. Ignoriere die kleinen Dinge wie Zähneputzen, Duschen oder Schlafen. Konzentriere dich auf die wichtigen Dinge.

Sobald dir nichts anderes mehr einfällt, geh zur zweiten Spalte und schreibe auf, wie viele Stunden pro Woche du im Allgemeinen mit dieser Tätigkeit verbringst. Wenn es sich um etwas Größeres handelt, wie zum Beispiel Reisen oder saisonale Aktivitäten, etwa der Besuch von Spielen der White Sox, dann gib das einfach in dieser Spalte an – »zwei Wochen pro Jahr« oder »zehn Samstage pro Jahr« oder so ähnlich.

Gib schließlich in der letzten Spalte jedem Punkt eine Bewertung von 1 bis 10. Die Bewertung sollte darauf basieren, wie sehr dich die jeweilige Tätigkeit erfüllt. Im Grunde bewertest du, wie glücklich dich diese Tätigkeit macht.

BEISPIEL:

Aktivität	Zeitaufwand	Wert
Fernsehen	15 Stunden/Woche	4
Arbeit/Pendeln	50 Stunden/Woche	3
Filme schauen	4 Stunden/Woche	6
Mit Freund:innen abhängen	5 Stunden/Woche	8
Im Netz surfen	20 Stunden/Woche	6

Und so weiter …

ÜBUNG

Aktivität	Zeitaufwand	Wert

Du hast nur eine begrenzte Anzahl von Dingen, auf die du etwas geben kannst. Das sind richtig wenige. Wenn du also einen Scheiß auf alles gibst, ohne bewusst darüber nachzudenken oder eine Wahl zu treffen – nun, dann bist du am Arsch.

Aktivität	Zeitaufwand	Wert

Aktivität	Zeitaufwand	Wert

Aktivität	Zeitaufwand	Wert

Sobald du mit deinen Listen fertig bist, geh sie noch einmal durch und sieh dir an, wie die Zahlen zusammenpassen. Aktivitäten, mit denen du viel Zeit verbringst, sollten hohe Zahlen aufweisen. Aktivitäten, mit denen du nicht viel Zeit verbringst, sollten niedrige Zahlen haben. Wir schauen hier nach Diskrepanzen, wo beides nicht zusammenpasst.

Im genannten Beispiel fallen zum Beispiel zwei große Unstimmigkeiten auf. Nummer eins: Diese Person hat wirklich keinen Spaß an ihrer Arbeit und dem damit verbundenen hohen Zeitpensum. Das ist ätzend. Es ist schwer, glücklich, motiviert und selbstbewusst zu sein, wenn man 50 Stunden pro Woche für etwas arbeitet, das man nur mit einer 3 bewertet.

Die zweite Diskrepanz besteht darin, dass sie zwei Stunden pro Tag vor dem Fernseher verbringt, was jedoch keinen großen Nutzen bringt. Gleichzeitig verbringt die Person im Durchschnitt weniger als eine Stunde pro Tag mit Freund:innen, etwas, das sie wirklich schätzt und genießt.

Die Antwort für diese Person ist klar: Schmeiß den Fernseher raus, um mehr Zeit mit Freunden zu verbringen (oder lade deine Freunde ein, mit dir fernzusehen) und finde eine Lösung für deine beruflichen Probleme.

All dies ist nur eine kurze, sehr grundlegende Liste. Wahrscheinlich hat deine Liste noch viel mehr zu bieten.

Wir haben nicht immer Kontrolle über das, was uns widerfährt. Aber wir haben immer Kontrolle darüber, wie wir das, was uns widerfährt, interpretieren und wie wir darauf reagieren.

ZIELE VERSUS GEWOHNHEITEN

Okay, du hast dir gerade angeschaut, wie du dein Leben derzeit lebst. Wahrscheinlich ist dir aufgefallen, dass du einen Großteil deiner Zeit mit Aktivitäten verbringst, die nicht sehr erfüllend sind. Aber keine Sorge – dafür sind wir ja da. Unser Ziel ist, wie du sicher schon erraten hast, alles auf den Kopf zu stellen, damit du so viel Zeit wie möglich mit Dingen verbringst, die dein Leben fantastisch machen.

Sollten wir also einfach unser perfektes Leben entwerfen und damit loslegen? Na ja, nicht ganz.

Das ist der Punkt, an dem viele Menschen falsch abbiegen. Sie denken sich einen Haufen Neujahrsvorsätze oder was auch immer aus, dann nehmen sie sich ein oder zwei Monate lang unglaublich viel vor, und ehe sie sichs versehen, sind sie wieder bei ihren alten Verhaltensweisen gelandet und haben ihre Ziele vergessen.

Und das liegt daran, dass die meisten unserer Verhaltensweisen von Gewohnheiten bestimmt werden. Gewohnheiten sind Verhaltensweisen, die automatisch ausgeführt werden, und Gewohnheiten zu ändern, fällt schwer. Die Forschung zeigt, dass der Versuch, zu viele Gewohnheiten auf einmal ändern zu wollen, praktisch immer scheitert.

Deshalb wirst du in diesem Schritt an eine positive neue Gewohnheit denken, die du in deinem Leben einführen willst. Es braucht ein bis zwei Monate bewusster Anstrengung, bis sich eine Gewohnheit gefestigt hat. Sobald du dir deine Gewohnheit angeeignet hast, kannst du eine neue angehen, bis dein Leben voll von fantastischen, lebensverbessernden automatischen Verhaltensweisen ist. Klingt gut, nicht wahr?

SECHS GEWOHNHEITEN, DIE NULL SEXY SIND, ABER DEIN LEBEN VERÄNDERN WERDEN

Übrigens: Gewohnheiten sind nie sexy. Wie ich bereits angedeutet habe, sind sie langfristig ausgerichtet und redundant, was sie langweilig erscheinen lässt. Deshalb ist es eine langweilige Angelegenheit, dauerhafte Veränderung zu erreichen. Hier sind einige wichtige Gewohnheiten, die du in deinem Leben verankern könntest – und wahrscheinlich auch solltest.

1. SPORT

Wenn du die Vorteile regelmäßiger Bewegung noch nicht kennst, lebst du wahrscheinlich unter einem sehr großen und sehr alten Stein. Allerdings überschätzt so gut wie jede:r den erforderlichen Aufwand für gute Ergebnisse. Allein 30 Minuten zügiges Gehen pro Tag führt nachweislich zu enormen gesundheitlichen Verbesserungen und zu einer Gewichtsabnahme.

Falls du also mit einem neuem Trainingsprogramm durchstartest, fang einfach an. Um die »Reverse Piledriver Crunches« kannst du dich dann später mit deinem durchtrainierten Personal Trainer namens Vlad kümmern.

2. KOCHEN

Klingt vielleicht komisch, aber ich habe die positiven Auswirkungen im Leben vieler meiner Freund:innen gesehen und nehme das deshalb ernst. Die meisten Vorteile ergeben sich nicht durch das Kochen selbst, sondern durch die damit einhergehende Kontrolle darüber, was und wie viel man isst.

Eine gesunde Ernährung bietet, ähnlich wie Sport, viele Vorteile für die Gesundheit und den Lebensstil: ein geringeres Risiko für Fettleibigkeit, Diabetes, verschiedene Krebsarten, Herzkrankheiten und andere tödliche Krankheiten, mehr Energie, mehr Konzentration, bessere Laune (Schluss mit Zuckerhochs und -abstürzen), besserer Schlaf, ein besseres Sexualleben und vieles mehr.

Beginne mit den Basics. Mach es dir zum Ziel, mindestens eine Mahlzeit pro Tag zu kochen. Such für dich gesunde Rezepte, die du nicht nur gerne isst, sondern auch gerne kochst.

3. MEDITATION

Die Vorteile der Meditation sind altbekannt, wissenschaftlich erwiesen und umfangreich: gesteigerte Konzentration, verbesserte Selbstwahrnehmung, Abbau von Stress und Ängsten, besserer Schlaf, größere emotionale Stabilität und mehr Empathie. Sie kann sogar als eine Form der Therapie eingesetzt werden.

Beginne mit einer kleinen Übung pro Tag. Schon eine Minute kann sich als nützlich erweisen. Kürzlich habe ich eine App namens Headspace entdeckt, die Menschen sanft in die Meditationspraxis einführt. Und auch Calm bietet sich als App an.

Wenn es dir schwerfällt zu meditieren (und das geht vielen so), suche dir vor Ort eine Gruppe oder einen Kurs. In größeren Städten gibt es oft kostenlose Kurse. Übrigens auch super, um Leute kennenzulernen. Sobald du den Dreh raushast, kannst du es auch alleine versuche. Beginne mit einer Minute pro Tag und arbeite dich langsam hoch.

4. LESEN

Lesen ist verdammt magisch. Es ist die einzige Sache auf der Welt, die es dir erlaubt, für eine kurze Zeit im Gehirn eines anderen zu leben, zu sehen, was er sieht, zu fühlen, was er fühlt, und dann wieder zu gehen.

Studien zeigen, dass Menschen, die regelmäßig lesen, viel einfühlsamer sind. Sie kümmern sich mehr um andere. Gehen besser auf andere ein und reagieren besser auf sie. Menschen, die regelmäßig lesen, sind auch klüger, besser informiert und wissen mehr über die Welt als diejenigen, die nicht lesen.

Willst du eine Lesegewohnheit entwickeln, fang mit dem an, was dir leicht und spannend erscheint, und welle das dann langsam aus. Wenn du Krimis für Jugendliche magst, obwohl du eine 45-jährige alleinerziehende Mutter bist, lies Krimis für Jugendliche. Wenn du Bücher über Zombies magst, lies Bücher über Zombies.

Und noch ein Tipp: Wenn dir ein Buch keinen Spaß macht, hör auf, es zu lesen.

Ich treffe so oft Menschen, die ein Buch, das sie gerade lesen, hassen, sich aber trotzdem immer weiterquälen, weil sie sich schlecht fühlen, wenn sie es nicht zu Ende lesen. Das ist verrückt.

Meine Faustregel lautet: Wenn ich ein Buch anfange, zwinge ich mich, die ersten zehn Prozent zu lesen. Und wenn es mir danach nicht gefällt, lege ich es weg und mache mit dem nächsten weiter.

5. SCHREIBEN

Wenn man beim Lesen für kurze Zeit in die Gedanken anderer Menschen eintauchen kann, dann ist das Schreibenlernen wie das Putzen des Hauses, bevor die Gäste kommen – man muss lernen, seine Gedanken kohärenter zu strukturieren, rationale Argumente aneinanderzureihen und Geschichten schlüssig und griffig zu erzählen. Auch das ist therapeutisch.

Am einfachsten ist es, ein Journal zu führen. Und dafür gibt's tolle Apps. Oder du kannst ganz »oldschool« ein Tagebuch per Hand führen.

Das Wichtigste ist, dass du dich nicht selbst einschränkst. Nutze das Schreiben als Mittel zur Selbsterkenntnis – schreibe deine Gefühle, Ideen und Fantasien auf. Und falls du Lust hast, über Rechenaufgaben zu schreiben, die dich verblüffen, kannst du auch das tun.

6. UNTER LEUTE GEHEN

Es mag schmerzhaft offensichtlich klingen, aber Freund:innen sind verdammt wichtig. Und wenn wir ehrlich zu uns sind, dann schenken wir unseren Beziehungen oft nicht die Zeit oder Aufmerksamkeit, die nötig ist, damit sie gesund und glücklich sind.

Das mit der Einsamkeit ist so eine Sache. Sie nimmt in den USA in alarmierendem Maße zu, insbesondere bei älteren Menschen. Und neue Forschungsergebnisse zeigen klipp und klar, dass das

Alleinsein für die körperliche Gesundheit genauso schädlich sein kann wie Fettleibigkeit oder starkes Rauchen.

Was also tun? Nimm dir vor, jeden Tag mit einem Freund oder einer Freundin zu sprechen.

Damit meine ich nicht nur bescheuertes Facebook-Geschwätz. Ich meine ein einfaches »Hey, Mann, was ist in letzter Zeit bei dir los? Wie ist es dir ergangen?«, gefolgt von ein paar »Oh, das ist cool, erzähl mir davon«, und zum Schluss noch ein »Wir sollten uns bald mal treffen, was machst du nächste Woche?«. Das dauert vielleicht 15 bis 20 Minuten, höchstens.

Du wirst überrascht sein, wie einfach es ist, mit vielen Menschen in Kontakt zu treten. Und, Bonuspunkt: Dadurch wirst du glücklicher.

**Wenn ihr geliebt werden wollt, dann liebt andere.
Wenn ihr geschätzt werden wollt, dann schätzt andere.
Wenn ihr respektiert werden wollt, dann respektiert andere.**

WIE VERANKERE ICH EINE GEWOHNHEIT?

Gewohnheiten bilden sich, wenn man ein Verhalten wiederholt und unter ständiger Einwirkung von Reizen ausübt. Dieser letzte Teil ist wichtig. Gewohnheiten sind »automatische« Reaktionen auf vertraute Umweltreize. Du sparst mentale Energie, indem du gewohnheitsmäßige Reaktionen auf vertraute Hinweise, Situationen und sogar Menschen, denen du regelmäßig begegnest, entwickelst.

Unzählige Studien haben gezeigt, dass Gewohnheiten aus drei Hauptbestandteilen bestehen: einem Umgebungshinweis, einer Verhaltensreaktion und einer Belohnung (oder der Beseitigung eines unangenehmen Reizes).

HINWEIS → VERHALTEN → BELOHNUNG

Wenn du zum Beispiel rauchst, wird dein Verlangen in der Regel durch einen Reiz ausgelöst, den du mit dem Rauchen in Verbindung bringst. Zum Beispiel, wenn du eine große Mahlzeit beendet hast, ein Bier trinkst oder im Fernsehen jemanden siehst, der eine Zigarette raucht.

Dieser Hinweis löst dann den Wunsch aus, die gewohnte Verhaltensweise auszuführen. Dann rauchst du, und dein Gehirn belohnt dich – du fühlst dich entspannter, ruhiger (und natürlich hilft auch das Nikotin).

Gewohnheitsforscher:innen haben herausgefunden, dass wir uns nicht auf das Verhalten, sondern auf den Auslöser konzentrieren sollten, um neue Gewohnheiten zu schaffen (oder alte zu durchbrechen).

Die »Belohnungskomponente« der obigen Gewohnheitsgleichung wird verwendet, um dein Zielverhalten zu verstärken, nachdem du es erfolgreich ausgeführt hast.

In den ersten ein bis zwei Monaten, in denen du eine neue Gewohnheit entwickelst, musst du das Verhalten bewusst wiederholen. Nach einer Weile wird sich das Muster in deinem Gehirn verankern, und schließlich wirst du es praktisch automatisch ausführen.

ÜBUNG

Überleg dir ein neues Verhalten, das du zur Gewohnheit machen möchtest. Überleg dir dann einen Hinweis für dieses Verhalten und eine Möglichkeit, dich nach der Ausführung des Verhaltens zu belohnen. Wenn das Verhalten an sich schon lohnend für dich ist, dann ist die Belohnung nicht notwendig. Stelle sicher, dass du einen Hinweis, ein Verhalten und eine Belohnung benennst.

BEISPIEL:

Wenn ich meine Lieblingssendung sehe, muss ich vor jeder Folge mindestens zehn Liegestütze oder Sit-ups machen. Ich darf mir keine Folge ansehen, bevor ich nicht zehn Liegestütze oder Sit-ups gemacht habe.

DEINE NEUE GEWOHNHEIT #1

____

____

DATUM, WANN ES ZUR GEWOHNHEIT WURDE

____

DEINE NEUE GEWOHNHEIT #2

____

____

DATUM, WANN ES ZUR GEWOHNHEIT WURDE

____

DEINE NEUE GEWOHNHEIT #3

DATUM, WANN ES ZUR GEWOHNHEIT WURDE

DEINE NEUE GEWOHNHEIT #4

DATUM, WANN ES ZUR GEWOHNHEIT WURDE

DEINE NEUE GEWOHNHEIT #5

DATUM, WANN ES ZUR GEWOHNHEIT WURDE

DEINE NEUE GEWOHNHEIT #6

DATUM, WANN ES ZUR GEWOHNHEIT WURDE

DEINE NEUE GEWOHNHEIT #7

DATUM, WANN ES ZUR GEWOHNHEIT WURDE

DEINE NEUE GEWOHNHEIT #8

DATUM, WANN ES ZUR GEWOHNHEIT WURDE

DEINE NEUE GEWOHNHEIT #9

DATUM, WANN ES ZUR GEWOHNHEIT WURDE

DEINE NEUE GEWOHNHEIT #10

DATUM, WANN ES ZUR GEWOHNHEIT WURDE

DEIN AKTIONSPLAN

Aus den vorangegangenen Schritten in diesem Abschnitt solltest du eine ziemlich klare Vorstellung davon entwickelt haben, was du sowohl kurzfristig als auch langfristig anders machen musst.

Wahrscheinlich sind dir Dinge bewusst geworden, die du gerne in deinem Leben hättest, die du aber derzeit nicht hast. Und vielleicht hast du auch einige Dinge entdeckt, die du in deinem Leben hast, aber lieber nicht hättest.

Du solltest jetzt auch verstehen, wie Ziele am besten als Teil eines Systems von Gewohnheiten genutzt werden können.

Der letzte Schritt besteht darin, ein System zu entwickeln, das dir hilft, die Kluft zwischen deinem jetzigen Zustand und dem, was du langfristig erreichen willst, zu überbrücken – also deinem idealen Leben.

In der nächsten Übung werden wir alles aus diesem Abschnitt zusammenfassen. Wir beginnen damit, zu überprüfen, was du in der zweiten Übung als ideales Leben in fünf Jahren aufgeschrieben hast, und identifizieren drei bis fünf der allgemeinen, langfristigen Ziele aus deiner Beschreibung.

Schauen wir uns noch einmal das Beispiel an, das ich für diese Übung gegeben habe:

Mein ideales Leben in fünf Jahren wäre, dass ich in Kalifornien lebe, wahrscheinlich in Los Angeles. Ich hätte meine eigene Wohnung in Strandnähe. Meine Arbeitszeiten wären flexibel, sodass ich oft surfen gehen könnte. Ich würde mich mehr aufs Programmieren als Freiberufler konzentrieren und wäre nicht an eine einzelne Firma gebunden, sodass ich viel mehr Kontrolle über mein Arbeitspensum und meinen Verdienst hätte. Ich hätte Kinder, die auf eine gute Schule gehen würden. Ich hätte viel Zeit zum Lesen und wäre in der besten körperlichen Verfassung meines Lebens. Ich würde wieder mit dem Malen anfangen und es regelmäßig angehen, zum Beispiel jede Woche, vielleicht sogar ein paar Bilder verkaufen.

Beachte, wie du aus dieser Beschreibung allgemeine Ziele herauslesen kannst:

1. mehr berufliche Freiheit (flexible Arbeitszeiten durch Führung eines Unternehmens),
2. eine Familie gründen (Kinder),
3. verbesserte Gesundheit (beste körperliche Gesundheit meines Lebens),
4. Malen.

Wir schaffen nun ein System, das uns diesen großen, langfristigen Zielen näherbringt. Und zwar, indem wir jedes Ziel in kleinere, besser zu bewältigende Teile in überschaubaren Zeiträumen aufteilen.

Was wäre die eine Sache, die du in diesem Jahr tun könntest, um einem dieser Fünfjahresziele näher zu kommen? Was wäre die eine Sache, die du in diesem Monat tun könntest, um deinem Jahresziel näher zu kommen? Was wäre die eine Sache, die du in dieser Woche tun könntest, um dein monatliches Ziel zu erreichen?

Und schließlich, was könnest du heute tun, um dein Wochenziel zu erreichen, das dich auf den Weg bringt, dein Monatsziel zu erreichen, das dich auf den Weg bringt, dein Jahresziel zu erreichen, das dich auf den Weg bringt, dein Ziel für die nächsten fünf Jahre zu erreichen?

BEISPIEL:

Um bei dem von mir angeführten Beispiel zu bleiben, habe ich drei allgemeine, langfristige Ziele festgelegt:

1. mehr berufliche Freiheit (flexible Arbeitszeiten durch die Führung eines Unternehmens),
2. Gründung einer Familie (Kinder),
3. verbesserte Gesundheit (beste körperliche Verfassung meines Lebens).

Ich werde sie aufschlüsseln, um dir ein Beispiel dafür zu geben, wie ich dies tun würde.

Langfristiges Ziel	Ein profitables Unternehmen führen und finanziell unabhängig sein
Einjahresziel	25 000 Dollar mit Programmierjobs verdienen
Einmonatsziel	2 neue Kunden gewinnen
Einwochenziel	10 potenzielle Kunden anschreiben
Tägliche Gewohnheit/Aktion	2 potenzielle Kunden pro Tag recherchieren und anrufen/anmailen

Langfristiges Ziel	Eine Familie gründen
Einjahresziel	Einen Partner oder eine Partnerin finden
Einmonatsziel	Drei Verabredungen treffen
Einwochenziel	Einen Abend lang mit einer neuen Gruppe von Menschen abhängen
Tägliche Gewohnheit/Aktion	Jeden Tag ein Gespräch mit mindestens einem Fremden beginnen: von Angesicht zu Angesicht, über Dating-Apps/-Seiten, soziale Medien und so weiter

Langfristiges Ziel	Die beste körperliche Gesundheit meines Lebens erlangen
Einjahresziel	10 Kilogramm abnehmen
Einmonatsziel	2 Kilogramm abnehmen
Einwochenziel	5-mal pro Woche Sport treiben
Tägliche Gewohnheit/Aktion	Täglich mindestens 30 Minuten Bewegung: Fitnessstudio/Kickboxen, Liegestütze/Sit-ups/Klimmzüge, Fahrradfahren, Joggen und so weiter

Wenn du mit dieser Übung fertig bist, solltest du das Rückgrat deines Systems mit drei bis fünf Zielen haben, auf die du im Laufe des nächsten Jahres hinarbeitest. Denk daran: Beginne mit einer Kombination aus Ziel und Gewohnheit, und nach etwa einem Monat kannst du diese neu bewerten und anpassen.

Gehe zur nächsten Gewohnheit über, wenn sie gut läuft, oder passe deine täglichen Maßnahmen an, wenn sie eine Feinabstimmung benötigen, damit du auf Kurs bleibst.

ÜBUNG: ENTWIRF DEINE EIGENEN AKTIONSPLÄNE

Fülle unten für jedes deiner Ziele einen Aktionsplan aus. Wenn dir die Aktionspläne ausgehen, kannst du hinten im Journal auf den freien Seiten dafür neue Pläne erstellen. Du kannst für jedes Ziel mehrere Pläne erstellen (bleib vorerst bei drei bis fünf).

AKTIONSPLAN #1

Langfristiges Ziel	
Einjahresziel	
Einmonatsziel	
Einwochenziel	
Tägliche Gewohnheit/Aktion	

AKTIONSPLAN #2

Langfristiges Ziel	
Einjahresziel	
Einmonatsziel	
Einwochenziel	
Tägliche Gewohnheit/Aktion	

AKTIONSPLAN #3

Langfristiges Ziel	
Einjahresziel	
Einmonatsziel	
Einwochenziel	
Tägliche Gewohnheit/Aktion	

Selbstliebe ist normalerweise unangenehm und langweilig. Für die Rente zu sparen, ist Selbstliebe. Früh ins Bett zu gehen, ist Selbstliebe. Einen gottverdammten Salat zu essen, ist Selbstliebe.

AKTIONSPLAN #4

Langfristiges Ziel	
Einjahresziel	
Einmonatsziel	
Einwochenziel	
Tägliche Gewohnheit/Aktion	

AKTIONSPLAN #5

Langfristiges Ziel	
Einjahresziel	
Einmonatsziel	
Einwochenziel	
Tägliche Gewohnheit/Aktion	

AKTIONSPLAN #6

Langfristiges Ziel	
Einjahresziel	
Einmonatsziel	
Einwochenziel	
Tägliche Gewohnheit/Aktion	

AKTIONSPLAN #7

Langfristiges Ziel	
Einjahresziel	
Einmonatsziel	
Einwochenziel	
Tägliche Gewohnheit/Aktion	

Nur weil etwas nicht deine Schuld ist, heißt das nicht, dass du nicht dafür verantwortlich bist. Unsere Fähigkeit, zu handeln und etwas zu verändern, steht in direktem Zusammenhang zum Maß der Verantwortung, die wir für uns selbst übernehmen.

AKTIONSPLAN #8

Langfristiges Ziel	
Einjahresziel	
Einmonatsziel	
Einwochenziel	
Tägliche Gewohnheit/Aktion	

AKTIONSPLAN #9

Langfristiges Ziel	
Einjahresziel	
Einmonatsziel	
Einwochenziel	
Tägliche Gewohnheit/Aktion	

AKTIONSPLAN #10

Langfristiges Ziel	
Einjahresziel	
Einmonatsziel	
Einwochenziel	
Tagliche Gewohnheit/Aktion	

Psychologische Widerstandsfähigkeit baut man nicht dadurch auf, dass man sich ständig gut fühlt. Vielmehr baut man psychologische Widerstandsfähigkeit auf, indem man besser darin wird, sich schlecht zu fühlen.

HERZLICHEN GLÜCKWUNSCH, DU HAST'S GESCHAFFT!

Wenn du alles in diesem Abschnitt ausgefüllt hast, solltest du nun Folgendes haben:

- *eine klarere langfristige Vision davon, wie du dein Leben gestalten willst,*
- *einige definierbare, umsetzbare Ziele, die du innerhalb des nächsten Jahres erreichen willst, und*
- *eine Ausgangsbasis, um mit der Umsetzung dieser Ziele zu beginnen.*

Wie schon gesagt, empfehle ich einmal im Jahr eine Wiederholung dieser Übung. Meiner Erfahrung nach ist es normal, dass man die meisten, aber nicht alle der Ziele, die man sich jedes Jahr setzt, erreicht, wenn man sie im Auge behält. Vielleicht zwei von drei oder so.

Je mehr Ziele du erreichst, desto einfacher wird es, die nachfolgenden Ziele zu erreichen. Das ist das Schöne daran. Disziplin ist eine Fähigkeit. Wenn du sie übst, wird sie stärker. Das Erreichen von Zielen, die auf deinen inneren Wünschen und Motivationen beruhen, stärkt dein Selbstwertgefühl und erhöht deine Motivation für die Zukunft.

Wenn du diese Übungen ein paar Jahre lang konsequent durchführst, wirst du feststellen, dass sich deine Prioritäten mit der Zeit ändern. Was du heute für sehr wichtig hältst, wird dir in einem Jahr vielleicht nicht mehr so wichtig erscheinen.

Dies setzt eine Kettenreaktion in Gang, und wenn du lange genug dabei bleibst, wird es immer einfacher, Veränderungen in deinem Leben zu erreichen. Eines Tages, in etlichen Jahren, wirst du zurückblicken und die Person, die du jetzt bist, vielleicht gar nicht wiedererkennen.

Und das ist auch gut so.

EIN PAAR SEITEN ZUM AUFSCHREIBEN EIGENER ERKENNTNISSE

DANKSAGUNG

Ein besonderer Dank geht an Jessica O'Reilly für ihre Hilfe bei der Zusammenstellung dieses Journals. Ich möchte auch Drew Birnie und Philipp Kemper für ihre Hilfe bei der Ausarbeitung einiger der Übungen danken.

ÜBER DEN AUTOR

Mark Manson ist ein zweifacher *New York Times*-Bestsellerautor, dessen Bücher sich weltweit über 14 Millionen Mal verkauft haben. Seine Werke wurden in mehr als 65 Sprachen übersetzt und standen in 16 Ländern auf den Bestsellerlisten. Mark Manson sowie seine »Subtle Art School« mit Ratschlägen rund ums Leben, die wissenschaftlich fundiert, pragmatisch und null schwachsinnig sind, sind unter https://markmanson.net/ zu finden – Lebensberatung quasi, die kein Scheiß ist. Sein Newsletter, liebevoll »Mindf*ck Monthly« genannt, wird jeden Monat von über einer Million Menschen gelesen. Er lebt derzeit in Los Angeles.

SOCIAL MEDIA
Website: school.markmanson.net
Instagram: @markmanson
Twitter: @iammarkmanson
Facebook: @Markmansonnet

MEHR VON MIR

BÜCHER

Die subtile Kunst des Daraufscheißens

*Everything is F*cked: Ein Buch über Hoffnung*

Scheiß auf coole Sprüche